CLAVES PARA CRIAR UN HIJO DELINCUENTE

OSVALDO CARNIVAL

La misión de Editorial Vida es ser la compañía líder en satisfacer las necesidades de las personas con recursos cuyo contenido glorifique al Señor Jesucristo y promueva principios bíblicos.

CLAVES PARA CRIAR UN HIJO DELINCUENTE
Edición en español publicada por
Editorial Vida – 2008
Miami, Florida

© 2008 por Osvaldo Carnival

Edición, diseño interior y de cubierta: *Gisela Sawin*

RESERVADOS TODOS LOS DERECHOS. A MENOS QUE SE INDIQUE LO CONTRARIO, EL TEXTO BÍBLICO SE TOMÓ DE LA SANTA BIBLIA NUEVA VERSIÓN INTERNACIONAL. © 1999 POR BÍBLICA INTERNACIONAL.

Esta publicación no podrá ser reproducida, grabada o transmitida de manera completa o parcial, en ningún formato o a través de ninguna forma electrónica, fotocopia y otro medio, excepto como citas breves, sin el consentimiento previo del publicador.

ISBN: 978-0-8297-5587-9

Categoría: Vida cristiana / Familia

IMPRESO EN ESTADOS UNIDOS DE AMÉRICA
PRINTED IN THE UNITED STATES OF AMERICA

13 14 15 16 ❖ 7 6 5 4 3 2

Reconocimiento

Definitivamente todo se hace mejor y más eficientemente cuando se logra encontrar un equipo de trabajo. Así sucedió con este libro. Por tal motivo quiero hacer mención a Guillermo Szoko, quien me ayudó a desarrollar este proyecto en sus comienzos y también en forma especial a Susana Rossi quien trabajo a mi lado en la confección final de esta obra.

También destacar la tarea desinteresada y profesional de Gisela Sawin.

A todos ellos mi agradecimiento.

Dedicatoria

Sería imposible escribir un libro de esta naturaleza sin la experiencia de vida. Es por eso que quiero dedicar este libro a mis tres hijos, con quienes crecí, aprendí y sigo aprendiendo a ser padre. Cada uno de ellos, Sebastián, Matías y Dan son una luz en mi corazón que se enciende cada vez que veo sus rostros.

Definitivamente no hay mayor satisfacción que pueda alcanzar en la vida que verlos convertirse en hombres de bien y propósito.

No hay legado mayor que pueda dejarles que mis huellas, las cuales espero que ellos encuentren dignas de imitar y seguir.

Simplemente, Sebi, Mati y Dan, los amo y me siento orgulloso de ustedes.

Papá

Contenido

Preámbulo 11

Introducción 13

1. Apláudalo al decir las primeras malas palabras
   Así creerá que la vida es un chiste 25

2. Complazca todos sus caprichos desde chico
   Así creerá que todo lo puede en la vida 39

3. No se le ocurra ponerle límites
   Así creerá que se puede llevar todo por delante sin consecuencias 53

4. No dude en discutir delante de sus hijos
   Así crecerá lleno de inseguridades, esperando el día que se separen 67

5. No se preocupe por su formación espiritual
   Así crecerá con un profundo vacío interior 85

6. Vaya detrás de su hijo recogiendo todo lo que tira
   Así crecerá creyendo que no es responsable de nada en la vida y, mucho menos, de su destino 99

7. **No se olvide de que su hijo siempre tiene razón**
   Así crecerá creyendo que es un incomprendido y que todo el mundo sin excepción está en su contra 115

8. **Evite el diálogo en su hogar**
   Así aprenderá a compartir la vida con extraños 131

Preámbulo

Hace unos años, el Departamento de Policía de Houston, Texas, imprimió un folleto titulado: «Doce reglas para criar niños delincuentes». La efectividad del método está garantizada en un 99%. Los puntos esenciales son los siguientes:

1. *Desde pequeño, dele todo lo que quiere.* De esta manera, crecerá creyendo que el mundo está a sus pies.
2. *Cuando el niño diga malas palabras, solo ríase.* Esto lo hará creer que es divertido. También lo animará a adquirir frases más «divertidas» que más tarde harán que usted pierda la cabeza.
3. *Nunca le dé enseñanza espiritual alguna.* Espere a que tenga 21; entonces permita que «escoja por sí mismo».
4. *Evite el uso de la palabra* incorrecto, *porque puede desarrollar en él un complejo de culpabilidad.* Esto lo condicionará para que más tarde crea, cuando sea arrestado por robar un automóvil, que la sociedad está en su contra y está siendo perseguido.
5. *Recoja todo lo que deja tirado por allí: libros, zapatos y ropa.* Haga todo por él, a fin de que obtenga experiencia en dejar toda la responsabilidad a otros.
6. *Permita que lea cualquier material impreso.* Preocúpese de que el servicio de mesa y los vasos estén esterilizados, pero deje que su mente se deleite en la basura.

7. *Discuta con frecuencia en presencia de sus hijos.* De esta forma no se verán conmocionados cuando, más tarde, su hogar se desintegre.
8. *Dé a su hijo todo el dinero que quiera para gastar.* Nunca permita que gane su propio dinero. ¿Por qué debe ser tan difícil para él como lo fue para usted?
9. *Satisfaga cada uno de sus antojos de comida, bebida y comodidad.* Vea que cada deseo sensual sea gratificado. Negarle algo puede guiarlo a una frustración dañina.
10. *Póngase del lado del niño contra los vecinos, maestros y policías.* Todos ellos tienen prejuicios contra su hijo.
11. *Cuando él se meta en dificultades verdaderas, discúlpese diciendo: «Nunca pude hacer nada con él».*
12. *Prepárese para una vida de dolor. La va a tener, con seguridad.*

Introducción

«Justo es quien lleva una vida sin tacha; ¡dichosos los hijos que sigan su ejemplo!» (Proverbios 20:7).

Actualmente vivimos una crisis social como nunca antes. La violencia parece haberse instalado en nuestras sociedades. Como habitualmente solemos decir, todo comienza desde el principio, y el principio se encuentra en la formación de nuestros hijos.

Hace unos años, el Departamento de Policía de Houston, Texas, imprimió un folleto titulado: «Doce reglas para criar niños delincuentes», mencionando que la efectividad del método está garantizada en un 99%. Al leerlo me quedé impactado por su título. A los pocos segundos reflexioné y me di cuenta de que no podemos seguir mirando para un costado o deslindando responsabilidades de lo que indefectiblemente nos compete a nosotros. Somos nosotros, los padres, los responsables directos en la formación de nuestros hijos. Por eso creo que podemos terminar criando un hijo delincuente. Aunque nos parezca imposible, si persistimos en algunas conductas, definitivamente, daremos a luz un delincuente. Nadie anhelaría como mérito tener un hijo así. Un título como el de este libro hará que nos detengamos y pensemos; de otra manera, seguiríamos corriendo, envueltos en nuestras preocupaciones cotidianas, para caer, en algún momento, a la realidad de tener que enfrentar grandes problemas en nuestra familia.

Una de las tareas más apasionantes de esta vida es la crianza y formación de nuestros hijos. Ellos, sin duda, son nuestro legado. Tenemos la gran oportunidad de que sigan nuestras pisadas.

Qué enorme privilegio que tenemos de poder cuidarlos y formarlos para poder convertirse en grandes hombres y mujeres, aunque para decir verdad, nunca pero nunca, para nosotros dejarán de ser nuestros hermosos pequeños. Mientras ellos crecen en estatura, en maduración, en instrucción, nosotros crecemos en esta gran tarea de ser padres.

> Una de las tareas más apasionantes de esta vida es la crianza y formación de nuestros hijos.

Ante esta apasionante labor, pareciera que por momentos los niños pudieran sacar lo mejor y lo peor de nuestro carácter: en ocasiones nos hacen llorar de felicidad frente a la emoción que nos provoca su nacimiento, o cuando comienzan a dar sus primeros pasos o tal vez al enfrentarnos a su primer día de clases. ¡Quién no derramó una lágrima cuando escuchó decir por primera vez a su hijo: «Papá»! En otras circunstancias, parecen ser especialistas en hacernos llorar, pero del enojo, por las cosas terribles que hacen. Y es allí donde se conjuga esta doble vivencia: la de disfrutar de nuestros hijos y, a la vez, comenzar a corregirlos.

Introducción

No olvidemos que mientras esto sucede, nuestra vida debe seguir adelante, ya que no es la única tarea que debemos desempeñar, sino que también debemos esforzarnos por ser mejores esposos, excelentes profesionales en nuestro trabajo, buenos amigos… es decir, cuidar de estas pequeñas y vulnerables vidas que dependen tanto de nuestra atención, sin por esto descuidar nuestra propia vida.

En este gran camino que tenemos por delante, encuentro que hay muchos padres que están desconcertados a la hora de criar a sus hijos. Es un hecho que ninguno de nosotros nació sabiendo la manera de encaminar a los hijos, tampoco existen escuelas que nos enseñen a ser padres, por esta razón es que el educar a nuestros hijos se convierte en un gran desafío.

> «Hijo, lamentablemente para ti, estoy aprendiendo a ser padre contigo».

Recuerdo que en cierta oportunidad debí de sincerarme con mi primer hijo, cuando era pequeño, al decirle: «Hijo, lamentablemente para ti, estoy aprendiendo a ser padre contigo». La vida no nos da la posibilidad de un entrenamiento previo, sino que en el andar vamos aprendiendo, en la gran aventura de ser padre.

¡Qué fácil es equivocarse en la formación de nuestros hijos! Sin duda, ellos pagarán las consecuencias de nuestros errores.

¿Cómo poder formar correctamente a nuestros hijos, cuáles son los límites? ¿Cuáles son las pautas de corrección? ¿Debemos ser fuertes o débiles en la crianza? ¿Qué tipo de padre debo ser?

Claves para criar un hijo delincuente es una guía práctica de aquellos errores más comunes que solemos cometer y sus terribles consecuencias. Pero, a la vez, nos dará las bases para saber cómo revertirlos a tiempo.

Cuidando el clima de mi hogar

Al tener la experiencia de haber criado a mis tres hijos, encontré que es fundamental esforzarnos para alcanzar un clima óptimo en nuestro hogar. Cuando hablo de clima me estoy refiriendo a la atmósfera que cotidianamente nuestros hijos están respirando, que deberá ser el lugar favorable para que se desarrollen y crezcan de una manera sana. Como padres, por lo tanto, somos las personas responsables de generar ese ambiente agradable en el seno del hogar.

La crianza de nuestros hijos bien podríamos compararla con la acción de velar por el crecimiento de una planta. No sólo nos debemos ocupar de plantarla, sino que también habrá otros factores determinantes en el éxito

Introducción

de su crecimiento y desarrollo, como propiciar un ambiente acorde con sus necesidades; guardarla de las variaciones del clima, sin que este la afecte. La cantidad de agua al regarla será fundamental, de tal manera que si le echamos demasiada, podemos ahogarla o, por el contrario, si nos olvidamos de regarla, va a secarse. Como así también, si la abandonamos o nos desentendemos de ella, evidentemente esa planta deberá defenderse para crecer de alguna manera, con el grave riesgo de echarse a perder. Asimismo, querido amigo sucede con nuestros hijos como con esa plantita; podemos, por estar demasiado pendientes, terminar ahogando sus vidas; o, en otras ocasiones, por no prestarle la debida atención, causamos profundos vacíos en sus corazones.

Si usted está leyendo este libro, probablemente es porque deba hacer algunos ajustes para que su hogar se convierta en un espacio con un ambiente adecuado, en el que sus hijos logren crecer.

Propiciar un ambiente feliz, en el que el amor y el respeto abunden, no es un ideal inalcanzable, sino que será una de las claves para acompañar a nuestros hijos en este apasionante camino de verlos convertirse poco a poco en hombres y mujeres plenos.

Si usted es de las personas que opinan que todo está bien y que no hay nada para mejorar en su familia, acompáñeme a recorrer cada una de estas páginas. Será como hacer una visita al médico y permitir que nos haga un chequeo completo. Si todo sale bien, entonces solo habrá que visitarlo en otra oportunidad para realizar un nuevo examen, pero tal vez descubramos que existen cosas a las cuales debamos prestarle debida atención y, junto a un apropiado tratamiento, lograremos sanar nuestra familia. *Claves para criar un hijo delincuente* tiene el propósito, con la ayuda de Dios, de lograr este efecto en usted.

Recuerdo una conmovedora historia con final feliz de un matrimonio que sufrió en su hogar un escape de monóxido de carbono. El esposo había salido a trabajar en su taxi como todos los días, pero a media mañana regresó imprevistamente para recoger un papel que había olvidado para realizar un trámite. Cuando llegó a su casa, se encontró con la sorpresa de que su esposa estaba en el piso del baño, desmayada. Sin saber qué estaba pasando y casi instintivamente, salió corriendo con su esposa en los brazos y la llevó a tomar aire al patio. Luego, al trasladarla al hospital, le dieron la noticia de que había inspirado monóxido de carbono y le dijeron que debía quedar internada en terapia intensiva por la cantidad que se había acumulado en sus pulmones. Pero no solo esto lo sorprendió, sino que, al revisarlo también a él, comprobaron que este hombre había ingerido igualmente de ese gas, por lo que debió ser asistido inmediatamente.

Cuando se repusieron de este mal momento vivido, y tuve la oportunidad de conversar con ellos, insistían en afirmar que nunca percibieron tal escape, ni siquiera el olor, que, al menos les diera el indicio de tal suceso. Solo recordaban que, en una oportunidad, una persona ajena al hogar al entrar les

Introducción

había dicho que le parecía sentir olor a gas, pero no le dieron importancia porque ellos no lo percibían.

Esta historia me hizo reflexionar en lo que muchas veces sucede en nuestros hogares. Hay pequeñas señales, pequeños indicios de que algo está mal, pero no podemos notarlo o nos vamos acostumbrando a aquello que va socavando poco a poco los cimientos de nuestra familia. Y aunque para otros sea evidente, pareciera que nosotros no podemos ver la gravedad del asunto. Hay familias que corren serios riesgos de caer en verdaderas salas de cuidados intensivos, si no toman las riendas del problema a tiempo.

Es mi deseo que al transitar cada página usted pueda identificarse con cada relato, historia o anécdota, como así también, emocionarse y acompañar la emoción con decisiones que son las que en realidad hacen que los cambios se produzcan en nuestras vidas. La emoción suele ser como un vaso de agua derramado: dura un momento, pero luego se evaporara no dejando nada. Así suelen ser las emociones que luego no se acompañan con decisiones.

Cada capítulo le ayudará a encontrar un poco más de luz en el camino de la formación de sus hijos. También podrá darse cuenta de que lo que más anhela su hijo de usted es a usted mismo: sí, así como lo lee, es a usted a quien quiere.

Dedicar nuestro tiempo a ellos será algo de lo que nunca podremos arrepentirnos.

Hay una carta que nos ayudará a reflexionar profundamente en este sentido:

Papá... yo quiero ser como tú

Mi hijo nació hace pocos días, llegó a este mundo de una manera normal... Pero yo estaba de viaje... ¡tenía tantos compromisos!

Mi hijo aprendió a comer cuando menos lo esperaba y comenzó a hablar cuando yo no estaba... ¡Cómo crece mi hijo! ¡Cómo pasa el tiempo!

A medida que crecía, mi hijo me decía:

—¿Papá, algún día seré como tú? ¿Cuándo regresas a casa, papá?

—No lo sé, hijo, pero cuando regrese, jugaremos juntos; ya lo verás.

Mi hijo cumplió diez años, hace pocos días, y me dijo:

—¡Gracias por la pelota, papá!, ¿quieres jugar conmigo?

—Hoy no, hijo, tengo mucho que hacer.

—Está bien papá, otro día será.

Se fue sonriendo, siempre, en sus labios, las palabras: «Yo quiero ser como tú».

Mi hijo regresó de la Universidad el otro día, todo un hombre.

—Hijo, estoy orgulloso de ti, siéntate y hablemos un poco.

—Hoy no, papá, tengo compromisos. Por favor, préstame el auto para visitar a algunos amigos.

Ahora ya estoy jubilado, y mi hijo vive en otro lugar. Hoy lo llamé:

—¡Hola, hijo!, ¿cómo estás? ¡Me gustaría tanto verte! –le dije.

Introducción

—Me encantaría, padre, pero es que no tengo tiempo. ¡Tú sabes: mi trabajo, los niños...! ¡Pero gracias por llamar, fue increíble oír tu voz!

Al colgar el teléfono, me di cuenta de que mi hijo había llegado a ser como yo...

Frecuentes conflictos para superar

Uno de los conflictos se genera al intentar educar a todos nuestros hijos de igual manera, pero rara vez lo logramos. No tanto porque fallemos, sino, más bien, porque ellos suelen ser diferentes unos de otros. Por esta razón uno de los conflictos, que en ocasiones atravesamos, es el reclamo de un hijo por no haberle dado la misma atención, el mismo tiempo o las mismas oportunidades que a alguno de sus hermanos. Y esto termina provocando celos, envidias y aun competencias entre ellos.

> **Nunca los extremos son buenos: ni apañar al niño en todo, ni corregirlo excesivamente**

Es mi propósito que a lo largo de esta lectura usted descubra algunas claves para conocer mejor a sus hijos, ya que cada uno de ellos tiene características únicas, y así pueda educarlos eficazmente, desterrando la idea de la competencia y la falta de unidad en su hogar.

Otro inconveniente que solemos atravesar es no lograr ponernos de acuerdo con nuestro cónyuge, a la hora de educar a nuestros hijos. Observo frecuentemente que hay matrimonios que hasta llegan a discutir en el momento de corregir a sus hijos.

Conductas extremistas forman parte de otro conflicto. Nunca los extremos son buenos: ni apañar al niño en todo, ni corregirlo excesivamente, al punto de descargar cada una de nuestras frustraciones en ellos. El apañar a nuestros hijos logrará formar hombres irresponsables. Por el contrario, el marcar los errores sin tolerarles una sola equivocación, forjará hijos llenos de inseguridades que, probablemente, desarrollen un carácter implacable hacia los demás.

El obsesionarnos porque a nuestros hijos nada les falte formará jóvenes «malcriados», acostumbrados a esperar que otros hagan aun lo que les toca realizar a ellos. En cierta oportunidad, una madre, ante a la noticia de que su hijo se casaba, no tuvo mejor idea que elegirle el departamento en el que habría de vivir; y, no conforme con esto, le dio la sorpresa al comprarle los muebles. Cuando ella se encontraba en la búsqueda del resto del mobiliario, su nuera se enteró y se opuso terminantemente, generando así una crisis en su flamante pareja, al borde de suspender el casamiento. Este ejemplo es tan sólo uno, entre tantos, de aquellos padres que desean desmedidamente brindarles absolutamente todo a sus hijos

> **Cada etapa que nuestros hijos atraviesan es única, especial.**

Introducción

y se parecen a una mamá gallina amparando debajo de sus alas, eternamente, a sus pequeños polluelos, sin entender que, en realidad, no los están ayudando a desenvolverse en la vida por sí mismos.

Por lo visto, verá que para nada nos encontramos ante una tarea fácil. Seguramente cualquiera, frente a este panorama, renunciaría antes de intentar realizarla. ¡Relájese, respire hondo! ¡No es imposible! Caminaremos, capítulo a capítulo, para descubrir juntos que, tomando las correctas medidas, «sí será posible ser padres exitosos».

Cada etapa que nuestros hijos atraviesan es única, especial. ¡Qué gusto nos dará, luego de transitar cada una de ellas, poder mirar hacia atrás y sentirnos plenos por haber sido partícipes en cada momento importante de sus vidas!

Solo así podremos alegrarnos de haber alcanzado el éxito en nuestra paternidad.

—*Pastor Osvaldo Carnival*

Apláudalo al decir las primeras malas palabras

Así creerá que la vida es un chiste

«El que refrena su lengua protege su vida» (Proverbios 13:3).

Con mucha sabiduría, el libro de Proverbios nos enseña que para guardar nuestro ser interior primero debemos guardar lo que sale de nuestra boca.

No sabemos por qué, pero es un hecho que las cosas malas se suelen aprender más rápido que las buenas. Así suele suceder con las malas palabras, no habrá que esforzarse mucho en descubrir dónde el nene aprendió a tener la boquita que tiene, si en casa es moneda corriente el hablar mal o el expresarse constantemente insultos el uno al otro.

Hay cosas que llaman la atención; una de ellas es cómo las malas palabras se incorporaron al lenguaje cotidiano.

- Para nuestra sorpresa, hay personas que hasta para saludarse usan malas palabras.
- En medio de una conversación, se escuchan palabrotas que nos llevan a pensar que a la persona le sucedieron cosas terribles para expresarse de esa forma; pero, en cambio, nos asombramos cuando descubrimos que le pasó algo maravilloso, y su manera de festejarlo es llenando su boca con palabrotas.
- Algunos las utilizan como expresiones de afecto, aun entre parejas o entre amigos.
- Muchos las usan para saludarse e iniciar una conversación, y luego, como una muletilla al hablar.

Hace poco tiempo atrás, vino de visita a la Argentina un contingente de chilenos; un amigo mío se ofreció, a manera de guía turística, para mostrarles diferentes lugares de nuestra ciudad. Ellos, contentos por su recorrida, agradecieron la atención que se le les brindó y regresaron a su país con diferentes impresiones luego de su visita. Lo curioso fue comprobar que una de las cosas que más los cautivó fue la manera de tratarse de los argentinos, aunque no entendían demasiado el significado de algunas expresiones.

Pasados unos meses, la persona que los había guiado por la ciudad de Buenos Aires, en la Argentina, tuvo la oportunidad

Apláudalo al decir las primeras malas palabras

de visitar por primera vez Chile. Lo curioso fue cuando llegó a la ciudad de Santiago, junto con su esposa: se encontró con el grato recibimiento de este grupo de chilenos, que había ido a esperarlos al aeropuerto; pero su sorpresa fue aún mayor, cuando escuchó que uno de estos hombres, para llamarle la atención, le gritó en medio del aeropuerto una palabrota que se suele utilizar en la Argentina. Al conversar luego con ellos, manifestaron que creían que esa palabra se usaba como una expresión de caluroso saludo, y su intención era hacerlos sentir «como en su casa».

Esta anécdota fue algo graciosa pero, en realidad, muestra cómo, poco a poco, nos hemos acostumbrado como sociedad a que las malas palabras formen parte de nuestro hablar cotidiano.

Esto no permanece ajeno a nuestros hijos, porque muchas veces, aunque el nene en el hogar no las escuche, puede estar usted seguro de que no va a faltar un tío o un amiguito que se va a ocupar de enseñarle cual es la última mala palabra, la más grosera, la más subida de tono. Los chicos, que actúan por repetición, luego la llevarán a nuestra casa como parte de su aprendizaje.

La reacción de muchos padres, cuando el niño pronuncia la primera mala palabra, es sonrojarse, preguntándose: ¿De dónde aprendió mi angelito esa palabrota tan horrible? Pero en otros casos frente a la misma situación, hay padres que se ríen, la aplauden y esperan con ansias la celebración de algún cumpleaños o fiesta familiar para que, en lo mejor de la fiesta, pueda repetir una y otra vez la mala palabra que acaba de aprender, para luego volver a aplaudirlo y reírse, buscando la complicidad de todos los espectadores presentes.

En la mayoría de los casos, los chicos no saben qué están diciendo, pero sí tienen en claro que cada vez que dicen esa palabrita mágica el mundo de los adultos se vuelve hacia ellos y los convierten en el centro del circo, como si fueran payasos. Esto hará que crean que es gracioso, los animará a adquirir frases más divertidas y a tratar siempre de ir un poco más lejos, para así poder retener la atención de los que los rodean.

> ¿De dónde aprendió mi angelito esa palabrota tan horrible?

Cuando su hijo empiece a decir malas palabras, ríase de él, entonces comenzará a mellar el carácter que dentro de él se está formando cual arcilla manuable en las manos del alfarero. Este tipo de conductas más tarde harán que como padres sintamos que estamos perdiendo el control y hagamos comentarios como: «¡Este chico me está volviendo loco! ¡Escucha las cosas que dice, mira las cosas que está haciendo!».

Es muy probable que esa conducta no sólo la tenga en el entorno familiar, sino que luego la traslade a la escuela y, con sus cuatro añitos, le repita a la maestra de preescolar un repertorio de malas palabras, a lo que ella reaccionará, pensando: «¡Este chico debe de vivir adentro de una cloaca!».

En la vida real, querido padre, la gente no se reirá de las transgresiones de nuestros hijos que hoy ya se han convertido en jóvenes, casi prácticamente adultos, sino que, por el contrario, lo tildarán seguramente de maleducados.

> **Difícilmente un hijo tratado con cariño y amor, y desarrollado en una atmósfera de respeto y de valores encontrará problemas en la vida.**

Tal vez intente decir malas palabras para expresar su malestar, para llamar la atención o sencillamente por imitación, pero al advertir que esto no hace ninguna gracia a sus padres, desistirá enseguida.

Sin embargo, difícilmente un hijo tratado con cariño y amor, y desarrollado en una atmósfera de respeto y de valores encontrará problemas en la vida.

Los efectos de los medios de comunicación

Los medios de comunicación forman parte vital en el vocabulario que nuestros hijos adquirirán. La televisión se ha convertido, hoy en día, en uno de los elementos de mayor influencia en la formación de nuestros hijos. Los programas de mayor audiencia son los que terminan marcando la cultura de nuestra sociedad: la manera de vestirse de nuestros jóvenes, las bromas que repiten, muchas veces, como simples monitos, y, por supuesto, las palabras que se convierten como en eslogan de la sociedad.

Hace un tiempo, se dio a conocer una película muy transgresora, que luego se convertiría en una serie famosa de televisión. Todo se centra en un grupo de niños malhablados, maleducados y con actitudes muy provocativas, que llegan a burlarse de todo el mundo, hasta de Dios. Son dibujos animados, pero poco simpáticos para los padres. Una de las canciones más pegadizas que tienen posee un estribillo con una cantidad de palabrotas irreproducibles. Pero lo más preocupante de todo esto es su repercusión: muchas críticas, aun de adultos, opinan que tanto la película como la serie son interesantes.

> ¿Qué estamos permitiendo que nuestros niños consuman a diario?

Mi pregunta entonces es: ¿Qué estamos permitiendo que nuestros niños consuman a diario?

Una entrevista tomada del diario *La Nación*, en la que la sentencia es contundente, afirma: «Hay que sacar el televisor de la habitación de los chicos», dice el pediatra Víctor Strasburger, jefe de la División de Medicina Adolescente del hospital de la Universidad de Nuevo México, en Albuquerque, Estados Unidos, y autor de más de ciento veinte investigaciones y de ocho libros, sobre los efectos de los medios en el desarrollo infantil y adolescente. El problema reside, básicamente, en la falta de control que los padres tienen sobre cuánto y qué ven sus hijos, cuando el aparato está en esa zona en la que comienza a construirse su privacidad».

Apláudalo al decir las primeras malas palabras

«Se puede tomar cualquier programa y, si los padres se sientan y hablan sobre el contenido, la situación se vuelve educativa, —señaló el autor de *Decir no en los 90, cuando decían sí en los 60*. Los padres aún no comprenden cuán poderosa puede ser la televisión como "maestra" (una que, seguramente, desaprobarían para la escuela). Les enseña a sus hijos comportamientos agresivos, uso de drogas y sexo explícito. Por lo tanto, si no hablan con sus hijos de sexo, del consumo de drogas o de la violencia, lo hará la televisión, pero de manera poco saludable. Y hoy, los padres no están haciendo nada para evitarlo».[1]

Otro estudio de los Estados Unidos, en el que participaron trescientos cincuenta niños de tercer grado, de seis escuelas públicas del norte de California, arrojó que de ese total, un 70% podía ver televisión en su dormitorio. Según la investigación, estos estudiantes registraron rendimientos de siete a nueve puntos inferiores en pruebas de matemáticas, lectura e idiomas, con respecto a los que no la tenían. «Este porcentaje no demuestra que poner una televisión en el dormitorio de su niño reducirá la puntuación en exámenes académicos, pero sí se agrega a las recientes pruebas de que no es una buena idea»,

> Los padres aún no comprenden cuán poderosa puede ser la televisión como "maestra"

---

1. Diario *La Nación*

comentó Thomas Robinson, director del Centro de Paso Saludable del Hospital Infantil de Stanford.

El otro medio que cada vez toma mayor influencia en nuestra sociedad y que no podemos dejar de mencionar es la Internet.

Muchas veces, como padres, podemos sentir la brecha generacional, como si estuviésemos frente a un gran mundo desconocido, ya que hoy en día los chicos *nacen* prácticamente sabiendo computación. Definitivamente, su experiencia debe de haber sido similar a la mía, el observar a sus hijos manejar la computadora con una facilidad que nos deja totalmente pasmados.

Este medio puede, por un lado, traer excelentes beneficios para la educación y el entretenimiento de nuestros niños y jóvenes, pero también puede convertirse en un peligro latente, si los adultos no tenemos el control de lo que nuestros hijos están consumiendo.

Algunos riesgos en la utilización de la Internet:

◎ Pornografía, a la cual aún los niños pueden tener acceso, simplemente pulsando algunos links los conectan al mundo de lo pornográfico.
◎ Acceso a juegos y videos violentos sin restricción, según la edad de los que consumen. Un estudio al respecto reveló que niños han quedado afectados negativamente con actitudes agresivas o con temor manifiesto, por consumir violencia a través de diferentes medios.

Apláudalo al decir las primeras malas palabras

- Posibilidad de hacer transacciones comerciales con tarjetas de crédito de los padres.
- Chatearse con personas desconocidas y, en ocasiones, darles teléfono, dirección u otros datos personales.

¿Cómo proteger entonces a nuestros hijos de estos peligros?

- Los expertos recomiendan instalar la computadora en el living o en un lugar expuesto de la casa, ya que, por razones obvias, ningún joven se animaría a entrar en un sitio de Internet violento o pornográfico, en un espacio que la familia frecuente.
- Tener sistemas de filtración o vigilancia para restringir lo que nuestros hijos consultan. Un técnico fácilmente puede instalarnos un programa que proteja las visitas a ciertas páginas de internet.
- Hablar sobre las precauciones que ellos deben tener a la hora de hacer uso de este medio.
- Bloquear aquellos sitios que demandan pedido de datos personales o que perturban la intimidad.
- Estar junto a ellos cuando se realizan descargas de juegos o materiales para enseñarles su buen uso.
- Ofrecerles otras opciones a los niños: si en un hogar existen padres que, por ejemplo, le leen libros a su hijo, esto le permitirá tener un mayor desarrollo intelectualmente.
- Chequear sus computadoras, verificando las visitas a paginas de internet

Nuestro rol al respecto

Debiera preocuparnos, por otro lado, la cantidad de horas que nuestros hijos pasan frente a un televisor o una computadora y que no ocupan, precisamente, en estudiar ni en preparar un trabajo práctico para la escuela. Creo que, si somos totalmente honestos, en muchas oportunidades fuimos generadores de dichos hábitos, ya que al verlos un tanto aburridos o porque, simplemente, nos los queríamos sacar de encima para descansar un poco de tiempo o para tener un espacio personal, los hemos empujado a ir a mirar unas cuantas películas o a jugar por un buen rato frente a la computadora.

Recuerdo a una familia de extranjeros que al llegar a la Argentina como inmigrantes, tuvieron que subsistir económicamente por mucho tiempo. Todos los días, a excepción del domingo, trabajaban de sol a sol para traer el sustento a su hogar.

Mi sorpresa fue cuando me comentaron que tenían dos hijos: uno de 4 años y el otro, de 9, que se quedaban en la casa, encerrados bajo llave, hasta que los papás volvían del trabajo y, para que no se aburrieran ni hicieran travesuras, los dejaban mirar televisión todo el día. ¡Imagínese el caudal de material de deshecho que esos niños consumirían!

Nuestra paternidad, por más ocupados que estemos, no puede ser reemplazada por ningún tipo de aparato electrónico.

Recibí una historia vía e-mail que quisiera compartir con usted. Se dice que en una oportunidad, un pequeño le dijo a su papá:

Apláudalo al decir las primeras malas palabras

—Papi, ¿cuánto ganas? —fijando sus ojos en el papá que acababa de llegar del trabajo.

—No me molestes, hijo, ¿no ves que vengo agotado de tanto trabajar?

—¡Pero papi, dime por favor cuánto ganas! —insistió.

—Trescientos pesos por semana –contestó el hombre, irritado, con tal de sacárselo de encima.

El niño le tiró fuerte del saco y le dijo:

—¿No me das veinte pesos?

El padre montó en cólera y, tratando bruscamente a su hijo, le dijo:

—¡Para eso querías saber cuánto gano, muchacho desgraciado!

La conversación quedó ahí.

Ya había caído la noche, cuando el padre se puso a meditar sobre lo ocurrido y se sintió algo culpable. Tal vez su hijo querría comprar algo… Había estado muy ocupado últimamente y no estaba al tanto de los acontecimientos del hogar.

Queriendo resarcir lo ocurrido, se asomó a la habitación del pequeño y le dijo:

—Hijo, ¿estás dormido? (El niño abrió los ojos a medias). Aquí tienes el dinero que me pedías, pero dime, ¿para qué lo querías?

Su hijo metió la mano debajo de la almohada y sacó una cantidad de billetes arrugados y, dándoselos al padre, le dijo:

—Es que quería completar lo que tenía… ¿me vendes un día de tu tiempo?

En ocasiones estamos tan ocupados que descuidamos la educación de nuestros propios hijos o, lo que es aún peor, la entregamos irrestrictamente en manos de los medios de comunicación.

> Estamos tan ocupados que descuidamos la educación de nuestros propios hijos.

La Biblia declara en el libro de Proverbios 24:3: «Con sabiduría se construye la casa; con inteligencia se echan los cimientos».

A menudo todos pensamos cuán difícil es criar a los hijos y encontrar el equilibrio con el resto de las ocupaciones que nos toca llevar adelante.

Estoy convencido de que los padres que pasan tiempo con sus hijos, que buscan sabiduría a la hora de aconsejarlos y que son prudentes para educarlos, encontrarán en el futuro la gran satisfacción de haber forjado hombres de bien.

El valor del respeto

En cierta oportunidad, Jesús mencionó: «El que es bueno, de la bondad que atesora en el corazón produce el bien; pero el que es malo, de su maldad produce el mal, porque de lo que abunda en el corazón habla la boca» (Lucas 6:45).

Todos estamos expuestos a situaciones problemáticas que nos toca vivir a diario. En esos momentos, según lo que abunde en nuestro corazón, será la reacción que aflorará frente a ellas.

Apláudalo al decir las primeras malas palabras

Quizá su realidad hoy sea la de tener hijos que, en ocasiones, frente a diversas circunstancias, son agresivos en su manera de hablar o de dirigirse hacia otros.

Muchas veces, se preguntará dónde comenzó el infierno que hoy vive con su hijo.

Permítame decirle que, en todos los casos, sin temor a exagerar, todo comienza con esos pequeños e insignificantes días de su niñez.

No podemos minimizar y creer de manera simplista que no tiene nada de malo una simple mala palabra que el niño diga, porque esta será, como la punta de un gran ovillo de lana, el comienzo de una conducta en peligro.

Pero de algo estoy seguro, de que, si usted está leyendo este libro, es porque Dios le ha dado la hermosa tarea de educar hombres y mujeres para que en su corazón haya un buen tesoro.

> Enseñarles que así como las malas palabras pueden herir al que las escucha, palabras afectuosas o amigables pueden edificar a los que las reciben.

Por esta razón, como padres, debemos velar para que el valor del respeto se respire en nuestro hogar. En la práctica, esto es mostrar el aprecio por las buenas costumbres y el trato amable con los demás. Porque de poco sirve reprocharles sus malas palabras, sin hacer hincapié en la formación de expresiones amables, tales como «por favor», «gracias» y «discúlpeme».

Enseñarles que así como las malas palabras pueden herir al que las escucha, palabras afectuosas o amigables pueden edificar a los que las reciben.

Y recuerde que la mejor manera de enseñar respeto es respetando a su hijo por lo que es y no solo por lo que usted espera de él. Esto hará que contribuyamos en formar «hombres buenos» que en los momentos más difíciles logren aflorar el respeto que les hemos inculcado, que sin dudas es el tesoro más preciado que reside en su corazón.

Complazca todos sus caprichos desde chico

Así creerá que todo lo puede en la vida

«El padre del justo experimenta gran regocijo; quien tiene un hijo sabio se solaza (alegrará) en él» (Proverbios 23:24).

Si usted está dispuesto a formar un hijo «malcriado», entonces ofrézcale todo lo que quiera. Si su hijo le pide un helado, déselo, aunque sea pleno invierno y padezca de gripe. Si quiere salir a jugar, aunque ya no le quede tiempo para hacer sus tareas, por favor, no se lo impida. Cualquier cosa que él le requiera no dude en decirle: «Yo te voy a llevar, yo te voy a comprar, no te hagas problema; por favor, no llores más». ¡No vaya a ser que su hijito le haga una escena de capricho!

Interesante es comprobar lo que significa la palabra sabiduría; es, por definición, la «conducta prudente en la vida».

> Sabio es el que ha aprendido a refrenar sus impulsos y es capaz de actuar con sensatez.

Habitualmente creemos que sabio es el que ha logrado acumular conocimiento. Pero en realidad el conocimiento de poco sirve si no pagamos el precio de ponerlo en practica; y bien digo pagar el precio ya que muchas veces poner en practica lo que hemos conocido como bueno y saludable para nosotros y nuestros hijos exigirá muchas veces de nuestra parte pagar el precio de abandonar ciertas conductas erradas que estábamos acostumbrados a practicar. Es decir, que aquél que es sabio es el que ha aprendido a refrenar sus impulsos y es capaz de actuar con sensatez.

Lo contrario a esto es una conducta irracional como la que podemos ver en un niño que se empecina en conseguir algo de sus padres y que es capaz de llorar, tirarse al piso y golpear todo cuanto esté a su paso con tal de conseguir lo que tiene en mente. Esa actitud caprichosa que los niños desarrollan como nadie es normal mientras que sea niño. Pero si, al crecer, una persona no logra superarlo, se convertirá en un rasgo de inmadurez. Hay adultos que son «caprichosos» en sus conductas, en sus decisiones, en su manera de pensar; son aquellos que comúnmente denominamos: «cabezas duras» y que en la vida van tomando decisiones

Complazca todos sus caprichos desde chico

de acuerdo con sus deseos egoístas. Lo único que tienen en mente es satisfacer sus necesidades, sin importar el costo o lo que ello implique.

Puedo recordar muy claramente que en más de una oportunidad hice amargar a mi pobre abuela con mis caprichos, al pasar delante de un comercio de venta de juguetes y tirarme al piso, llorar y patalear para que me comprara alguno que había visto en la vidriera. Recuerdo una vez, al no obtener lo que quería, arrojé sus anteojos desde un octavo piso. ¡Puede imaginarse cómo quedaron! Gracias a Dios crecí, y quedaron atrás esos berrinches de niño travieso, que hoy recuerdo con cierta mirada de picardía.

Ahora bien, imagínese qué puede pasar si ese tipo de conductas no se abandonan al crecer, sino que se siguen manifestando en la vida de grande.

Como padres, tenemos la responsabilidad de corregir, de frenar a tiempo esos comportamientos, si en verdad queremos alegrarnos en el futuro por haber formado hijos sabios, hijos maduros.

Conozco padres que, por el contrario, hacen lo que no pueden con tal de darles todo lo que sus hijos quieren, padres que directamente son manejados por sus hijos; que son capaces hasta de endeudarse, si fuera necesario, y que corren riesgos económicos, con tal de que el «nene» tenga todo lo que desea en este mundo.

Cuando el niño no tiene límites en cuanto a lo que anhela poseer, le estamos enseñando inconscientemente que puede ser el dueño de todo lo que desee tener en este mundo. Pero en esta vida, querido padre, usted y yo sabemos que esto no es posible ni saludable.

En mi caso particular, la corrección de mis padres y los límites, que con tanto fastidio miraba desde la infancia, me ayudaron a encaminarme en la vida. Puedo decir que dieron buenos resultados.

En medio de una sociedad consumista

Por otra parte, la sociedad trata de convencernos de que si no tenemos ciertas cosas no pertenecemos a este mundo, estableciendo en nosotros una equivocada escala de valores que nos hace creer que todo se resuelve teniendo cada vez más y más.

Sin querer, muchos han caído en la trampa de ambicionar tenerlo todo y se desviven por ello. Nuestros hijos no son la excepción a la regla, porque ellos también se sienten forzados por las mismas circunstancias; ellos también son hijos de esta época.

Una de las presiones sociales que los niños reciben tiene que ver con poseer ciertas marcas de productos o de vestimenta para ser admitidos dentro de su grupo social de amigos. Hoy, como nunca, vemos correr a nuestros jóvenes detrás de ciertos calzados deportivos, de ciertas marcas de ropa y de ciertos productos electrónicos.

Muchos conflictos se inician al regresar nuestros hijos de la escuela; nos suelen decir: «¡Papá, cómpramelo, todos lo tienen! ¡Al final, mi amiguito lo tiene y mi compañero también, y yo soy el único que no lo tiene!».

Hoy, como nunca, los jóvenes sufren una presión constante basada en el falso principio de «tener o hacer tal cosa para ser feliz».

Si no fuere en la escuela, esa presión vendrá entonces de la televisión, que será la encargada de hacerles sentir a nuestros hijos que deben comprar todo lo que la publicidad les ofrece o nunca serán felices.

En una investigación del periódico científica que acabo de leer se deja en claro que los niños menores a 8 años tienden a pensar que la imagen que les da la pantalla de la televisión es lo que sucede en la realidad. Esto ofrece una gran ventaja a los productores, comerciantes y publicistas, quienes pueden llegar a implantar en la conciencia popular, sobre todo, en la infantil, sus propios productos, ideas y convicciones de la vida.

Además, la investigación deja demostrado que entre los 8 y los 14 años, los niños y adolescentes no pueden diferenciar la realidad de la fantasía, sobre temas como el sexo, las drogas y la violencia. Es decir, por ejemplo, que no comprenden que si una persona le pega a otra en el mentón, puede quebrarse la mano, aunque no suceda en la pantalla.

> **Hoy, como nunca, los jóvenes sufren una presión constante basada en el falso principio de «tener o hacer tal cosa para ser feliz».**

«Veo adolescentes, en el hospital, que le pegan un puñetazo a la pared porque están muy enojados y, al menos una vez a la semana, tenemos que hacer radiografías de las manos para comprobar si sufrieron lo que se llama una fractura de boxeador —relató el doctor Strasburger—. O creen que el sexo, como se presenta en la pantalla, es real y entonces, tienden a sobreestimar la cantidad de amigos con los que tienen relaciones. Es muy tentador ver el mundo de los medios como real, el problema es que los chicos luego lo hacen».

Es en estas edades, donde la mayoría de los adictos actuales confiesan haber incursionado por primera vez en este grande y oscuro submundo de la droga. Recién, entre los 15 y los 17, pueden los adolescentes llegar a captar las verdaderas diferencias entre lo que se muestra y lo que realmente es.

Nuestro deber como padres es, entonces, influenciar en ellos de tal manera que cuando a ellos les toque elegir por sí mismos en la vida, lo puedan hacer de manera correcta. Solamente con el tiempo y con el ejemplo se podrán transmitir los verdaderos valores humanos y espirituales.

> Solamente con el tiempo y con el ejemplo se podrán transmitir los verdaderos valores humanos y espirituales.

Sería muy interesante poder enfocarse más, querido padre, en los principios básicos de vida, que reafirman que el valor del ser humano no está en la cantidad o en la calidad de los recursos que posee, sino en lo que realmente es como persona.

Una de las metas que tengo en la vida es marcarles ciertos principios a mis hijos, y sé que eso me costará tiempo, pero estoy seguro de que valdrá la pena invertirlo.

Un reflejo de nuestro interior

Los hijos pareciera que poseen una palabra predilecta, que una y otra vez la escuchamos decir, que es: «¡Dame!». Empiezan por los juguetes, siguen por el dinero y entonces, comienzan pidiéndonos una moneda, que más tarde se convertirá en dos.

Y todos sabemos que no hay nadie más perseverante que un hijo que empieza: «¡Dame, dame, dame, dame!», hasta convertirse en una expresión enloquecedora que termina agotándonos. Como padres, muchas veces, para que dejen de molestarnos o porque nos da pena, les damos, cediendo así a cada una de sus demandas. Y, ya de jóvenes, no se nos ocurriría pensar ni por un momento en que nuestro hijo gane su propio dinero, porque el razonamiento que hacemos es: «¿Por qué tiene que ser la vida tan difícil para él como lo fue para mí?».

Creo muy profundamente que, más allá de querer darle todo a sus hijos, hay algo más profundo que nos moviliza a conceder cada uno de sus caprichos y es el tratar de compensar carencias que hemos tenido nosotros mismos de chicos; interiormente, nos decimos: «No quiero que a mi hijo le falte lo que a mí me faltó» o «No quiero que mi hijo viva lo que yo viví».

Muchas veces hemos sufrido tanto, de pequeños, que nos hemos propuesto que ellos vivan una historia diferente.

Es esencial que cambiemos nuestra manera de pensar y les enseñemos que las cosas tienen un precio, un valor, que el esfuerzo es parte la vida. No todo se consigue tan fácil, y esto va a ayudarlo a establecer un carácter perseverante, constante, a sentir que las cosas tienen un valor en la vida, el precio que a uno mismo le ha costado.

Hay infinidad de historias de padres que lograron adquirir bienes y alcanzar una buena posición; tal vez sea el caso de la mayoría de los inmigrantes o de padres que con mucho esfuerzo lograron una estabilidad económica, con la ilusión de dejarles un legado a sus hijos. Pero muchos de ellos, que no entienden el valor de lo alcanzado por sus padres —por la sencilla razón que no trabajaron para lograrlo—, gastaron todo el dinero, perdiendo el fruto de años de trabajo, y esto fue como consecuencia de haber llevado una vida en la que todo les fue fácil conseguir, porque durante años sus padres dijeron: «¡Pobre nene, yo le voy a dar todo lo que necesite!».

> **Debemos ser cuidadosos a la hora de suplir todas las demandas de nuestros hijos.**

Días pasados se me acercó una mujer a contarme, con lágrimas en los ojos, que ella tenía actualmente una buena entrada económica, pero que sufría porque el dinero pareciera evaporársele de las manos, sin saber exactamente en qué lo gastaba. «¡Es que ni si-

Complazca todos sus caprichos desde chico

quiera sé hacer un presupuesto! —me dijo—. Nunca nadie me enseñó, y no por falta de recursos, sino porque siempre hicieron todo por mí; nunca me faltó nada, pero hoy me falta la habilidad. Y al intentar arreglármelas por mí misma noto que no puedo».

Por esta razón debemos ser cuidadosos a la hora de suplir todas las demandas de nuestros hijos, desde pequeños. Es bueno enseñarles que en la vida hay prioridades y que no todo se consigue con llorar.

En varias ocasiones no podremos darles a nuestros hijos lo que nos piden o lo que desearíamos que tuvieran, pero esa no es razón para sentirnos mal ni mucho menos culpable.

Por otra parte, no debemos tenerle miedo al fantasma «de la no tenencia», creyendo que los niños se transformarán en adultos traumatizados, que no llegarán a grandes logros en la vida por no haber poseído la ropa de moda o la última tecnología.

> Los auténticos traumas humanos no provienen de carencias materiales, sino por la falta de afecto y del calor humano.

También observo que hay otro tipo de carencias que queremos compensar, y son las emocionales: ciertas pérdidas de un familiar, como la de padre o madre; el fallecimiento de una persona amada: un abuelo, un tío; o, tal vez, otras provocadas por un cambio, una mudanza, un cambio de escuela. La desesperación de no saber cómo compensarlas nos lleva a creer que las posesiones materiales todo lo solucionan; y esto es porque, en el fondo, creemos que la felicidad pasa, en gran medida, por el tener.

Por último, querido amigo, permítame decirle que los auténticos traumas humanos no provienen de carencias materiales, sino por la falta de afecto y del calor humano, sobre todo, de aquellos que nos rodean.

Lo irreemplazable

Recuerdo un viaje de vacaciones que hicimos con toda mi familia: al llegar a una ciudad no encontrábamos hotel. No sabíamos que allí había una gran actividad deportiva, y los hoteles estaban totalmente completos, así que lo único que conseguimos fue una habitación muy sencilla y humilde. Tuvimos que dormir bastante incómodos, ya que éramos cinco y la habitación era de unos pocos metros cuadrados. Prácticamente, podríamos decir que estábamos uno arriba del otro.

Nuestra gran preocupación había sido no poder ofrecerles a nuestros hijos una mayor comodidad. Hablando luego con mi esposa Alejandra, decíamos que hubiésemos querido darles algo mejor, en ese viaje tan especial, sus tan ansiadas vacaciones. Ustedes saben cómo los hijos esperan los días de vacaciones, esos momentos tan ansiados en el año; creo que todos los aguardamos, pero mucho más, los niños.

Regresamos de esas vacaciones y transcurrieron unos cuantos meses, hasta que una noche, en una cena, recuerdo que sin saber cómo, terminamos hablando de aquellas vacaciones; inmediatamente, apelamos a la ayuda de unas cuantas fotos que posibilitaron el recrear cada lugar y cada momento vivido. De repente, me sorprendió el comentario en el que mis tres hijos por igual concordaban, cuando le preguntamos cuál había sido el momento más agradable que habían pasado en aquellas vacaciones; inmediatamente dijeron: «Aquellos días, en aquella habitación, donde estábamos todos juntos».

¡Qué conmoción darme cuenta de que su alegría pasaba por un lugar muy distinto del que yo había pensado como ese padre *proveedor* de mis hijos! Y, en realidad, a ellos no les importaba la incomodidad ni determinadas cosas que yo tenía en mente. Lo único que querían era estar juntos, poder dormir varios en una sola cama, y compartir cosas que tienen que ver con el cariño y con el afecto, con el abrazo y con el toque.

> **Una persona necesita, a lo largo del día, no menos de diez abrazos.**

Me asombró grandemente un informe científico que días atrás leía, que decía que una persona necesita, a lo largo del día, no menos de diez abrazos.

Por lo visto, nada puede reemplazar ese calor, ese toque, el sentirse querido, amado y recordado por alguien.

Sumamente interesante es otra investigación realizada por la universidad de Toronto y dada a conocer por la Asociación estadounidense del Corazón, en la que monitorearon a doscientos dieciséis hombres y mujeres, a lo largo de un año. Todos tenían entre cuarenta y sesenta y cinco años de edad y habían vivido en familia. Al comienzo del estudio, se monitoreó la presión sanguínea de los participantes, durante veinticuatro horas, en un día laboral. También, se midió el nivel de stress que cada uno tenía en su trabajo, y por medio de otra prueba se evaluó su cohesión marital.

El estudio encontró que aquellos que tenían trabajos demandantes, pero también, contención conyugal, vieron decaer levemente su nivel de presión arterial; mientras que los que estaban estresados por sus tareas, pero no contaban con apoyo familiar, padecieron el esperado aumento de ella.

> Los humanos tenemos una imperiosa necesidad de afecto, tanto de darlo como de recibirlo.

Los humanos tenemos una imperiosa necesidad de afecto, tanto de darlo como de recibirlo. La vida se hace más saludable cuando podemos compartir los buenos afectos de nuestro interior. Cosas tan sencillas como un llamado telefónico a la esposa para decirle que nuestro horario se ha modificado o simplemente para expresarle que la hemos extrañado son los actos humanos que pueden realizar verdaderos milagros; y quizás el otro se podría preguntar «¿Para qué me llamó?». Pero es simplemente el escuchar la voz, es simplemente decir: «Estoy acá, eres importante, no me olvidé».

Complazca todos sus caprichos desde chico

Esa comunicación es más que información; en ella hay vida y salud porque muestra que uno no se ha olvidado del ser amado, que hay una relación fresca y estimulante.

El mayor valor que podemos darle a nuestra familia es nuestro tiempo. Difícilmente, de grandes, nos reclamen ciertas cosas que no les compramos, pero, de seguro, el no haber estado con ellos, el no haber invertido tiempo, se convertirá de una manera u otra en un insalvable reclamo.

> **El mayor valor que podemos darle a nuestra familia es nuestro tiempo.**

Los graves problemas de conducta en la vida de nuestros hijos suelen ser llamados de atención que nos hacen, como reclamos, alertas que indican: «Aquí estoy, necesito que pases tiempo conmigo».

El pasar tiempo nos permite expresar nuestro afecto y, sobre todas las cosas, caminar juntos, corregirlos y darles la posibilidad de que encuentren un ejemplo próximo para imitar.

Definitivamente, ese es mi gran deseo: poder lograr influenciar a mis hijos y, sin pedírselo, convertirme en un modelo para ellos. Sé que este también es su sueño.

Hay una responsabilidad que tenemos como padres, un lugar que ocupar, un liderazgo que asumir. ¡Y el día para empezar es hoy!

No se le ocurra ponerle límites

Así creerá que se puede llevar todo por delante sin consecuencias

«La rutina diaria es para los niños lo que las paredes son para una casa, le da fronteras y dimensión a la vida» (R. Driekurs).

Definitivamente, nuestros hijos deben sentir nuestro apoyo incondicional y deben saber que creemos y confiamos en ellos. Pero nunca esta creencia debe convertirse en una obsecuencia que no nos permita limitar su conducta.

Algunas personas creen que pueden desarrollar un complejo de culpabilidad como padres, si le llegan a decir: «Esto no se puede, no lo puedes hacer».

En un capítulo anterior, mencionamos los caprichos que sobrevienen del querer tenerlo todo. Pero hay otro peligro que es el de no ponerle límite a lo que nuestros hijos desean hacer, esté o no permitido.

Hay hijos que creen que lo pueden hacer todo: contestar a un mayor, y están en su derecho; entrar y salir de su casa sin previo aviso, aunque sean muy jovencitos; manejar, sin tener registro; consideran que pueden hacer lo que les plazca. Es como si estuviéramos criando verdaderos omnipotentes que creen que van a llevarse la vida por delante.

> Una persona sin límites va a vivir, irremediablemente, en problemas.

Esta actitud los condicionará a que más tarde crean que la sociedad está en su contra, y que, por ejemplo, están siendo perseguidos injustamente, cuando son arrestados por transgredir una ley. Y aunque este ejemplo parezca extremo, hay jóvenes que piensan que son incomprendidos, que nadie los entiende, que nadie los apoya. Ellos no conocen límites.

Las cárceles están llenas de hombres y mujeres que tienen grandes reclamos contra la sociedad y contra el mundo. Por lo general, ellos nunca tuvieron límites claros sobre lo que pueden o no pueden hacer o sobre lo que pueden tener y lo que no.

Una persona sin límites va a vivir, irremediablemente, en problemas.

No se le ocurra ponerle límites

Son dignas de recordar palabras de un especialista como el doctor Ricardo Grimson, al referirse a que hoy en día la familia se encuentra en una parálisis o, bien podríamos hablar de una inacción, fruto del desconcierto en que vive cuando ve las reacciones de los jóvenes.

Una de las mayores problemáticas es el alcohol. El especialista mencionaba: «El alcohol se desmadra desde los primeros años de la adolescencia, cosa que para nosotros era, en el pasado, una experiencia vivida por los adultos. Yo nunca vi un borracho que no fuera adulto. Nunca había tratado a un adolescente borracho, cosa que hoy encontramos por todos lados, y eso se suma a una parálisis en la familia. Es decir, el adolescente abusa y la familia se desconcierta.

Las dos cosas dan una dimensión social del problema, que no es solo un tema "dietético" (hablando con ironía) sino que nos enfrentamos con un cuadro en el que los valores de la familia se han transformado. La demanda de sobrevivir es tal que la familia termina no queriendo ser "diferente" de las otras familias o, lo que es peor, presa del temor a que sus hijos terminen yéndose de su hogar, si sus padres no acceden a determinados requerimientos o demandas».

Realmente, más que interesante es lo que aporta el Dr. Ricardo Grimson al mencionar la presión que vive la familia, hoy en día, el gran temor de tomar decisiones que pueden ser severamente cuestionadas por una sociedad sin valores que, simplemente, conoce los grises y no advierte acerca de los límites.

Noto como si fuera, para muchas personas, ridículo o anticuado establecer límites y sentar valores.

En nuestros días, pareciera que no es demasiado progresista o bien visto querer parecerse a aquella famosa familia del cine y la televisión: «La Familia Ingalls», donde el recordado padre de familia era protagonizado por el actor Michael Landon. Su idea fue producir un programa donde todos los valores cristianos, los valores familiares, la solidaridad, el esfuerzo y la abnegación se concentraran en una pequeña casa en la pradera, el cual le valió el éxito por diez años consecutivos, por ejemplo, en España. Debemos sumar también los siguientes años en que la serie sigue siendo emitida en todos los países del mundo, en lo que ya parece un éxito eterno. Seguramente, este no fue una mera casualidad, sino que, en el fuero más íntimo, todos anhelamos tener una familia que funcione, que en verdad no es otra cosa que una familia feliz.

Puedo afirmar que esto es posible, no es un cuento de hadas. Naturalmente, también debemos decir que no es una casualidad del destino, sino una consecuencia de tomar decisiones correctas, aunque muchas veces, en la actualidad, no sean aplaudidas.

Por el contrario, una comedia que días atrás dieron en televisión, mostraba la historia de unos padres abrumados por la educación de sus hijas gemelas adolescentes, quienes parecían no tener límites en su comportamiento. Cansados ya de buscar estrategias para modificar su conducta, decidieron utilizar un método moderno y revolucionario: «Dejar que la sociedad les pusiera límites a sus hijas; pero ellos, como padres, ya no lo harían». Estas jovencitas, al no tener límites, comenzaron a transgredir las reglas que también en su colegio se les imponían; es entonces que una escena lo define todo: cuando la directora se enfrenta a esos padres «modernos» para asesorarlos, termina la charla horrorizada y apenada porque esas jóvenes eran el producto de padres sumamente permisivos. Aunque la película tuviera un tono gracioso, muestra tristemente cómo, a veces, tomamos decisiones que son producto de un agotamiento o de sentir que ya las situaciones se nos escapan de las manos. Muchas veces, por no pedir consejo o asesoramiento, terminamos cometiendo errores irreparables.

Consecuencias por la falta de límites

En la Biblia tenemos una historia interesante acerca de un hombre justo pero que, por no poner límites claros al desenfreno de sus hijos, fue preso de sus propios errores.

Este hombre se llamó Elí, y cuenta la historia bíblica que tenía dos hijos jóvenes, de los cuales dice que su pecado y maldad era muy grande a los ojos de Dios. También relata que Elí escuchaba todo el mal que sus hijos hacían con el pueblo, pero él no los *estorbaba*;

> **Hay consecuencias que nos sobrevienen cuando no frenamos el error en nuestros hijos.**

como consecuencia de esto, sus dos hijos murieron en el mismo día, y el padre al recibir la noticia, también. Hay consecuencias que nos sobrevienen cuando no frenamos el error en nuestros hijos.

La historia bíblica le recrimina al padre no haberlos *estorbado* cuando todavía estaba a tiempo. Es interesante resaltar que la palabra *estorbo* significa poner obstáculo o incomodar para que una acción no se realice. Menciona que el padre Elí no *estorbó* a sus hijos.

En este sentido, los padres en ocasiones debemos ser *estorbos* frente a situaciones que nuestros hijos quieran llevar adelante; de otra manera, sería como observar que van rumbo a un precipicio y no hacer nada para que reaccionen y cambien de dirección.

Siempre afirmo que es mejor poner guardarrai en la carretera que una ambulancia debajo del precipicio. A veces queremos solucionar las conductas de nuestros hijos cuando ya es demasiado tarde.

Dios quería que Elí fuese *estorbo* al mal accionar de sus hijos, y también lo quiere de nosotros, por la sencilla razón de que nos ama y nos quiere cuidar para que, como a Elí, no nos sobrevenga la desgracia por causa de nuestras negligencias.

> Mejor poner guardarrai en la carretera que una ambulancia debajo del precipicio.

Quizás no suene demasiado simpático convertirnos

en estorbos de alguien; un estorbo parece algo molesto, que nos lo queremos sacar de encima.

El ojo humano tiene dos funciones muy claramente identificadas por todos nosotros: la primera es ver y la segunda, llorar. Sin duda, siempre será mejor ver los problemas con nuestros hijos que simplemente llorar, impotentes, por no haber visto en su momento y por no haber tomado las decisiones correspondientes.

Para poner *estorbo* es necesario, muchas veces, establecer disciplina.

Un niño que fue correctamente disciplinado será, por consiguiente, un adulto que sabrá autodisciplinarse en todos los aspectos de la vida.

La disciplina solo puede lograrse, como cualquier otro hábito, con la reiteración sistemática de aquellas cosas que el niño puede hacer y de aquellas que no. Muchas veces fallamos en nuestra corrección porque, al no ver rápidamente resultados en nuestros hijos, variamos nuestra disciplina o, lo que es peor, cedemos ante su conducta equivocada.

Sé que en ocasiones el estar corrigiendo una y otra vez a nuestros hijos nos suele desgastar, pero Dios, que nos entiende, nos alienta con esta promesa: «Disciplina a tu hijo, y te traerá tranquilidad; te dará muchas satisfacciones» (Proverbios 29:17 La Biblia).

> «Disciplina a tu hijo, y te traerá tranquilidad; te dará muchas satisfacciones»

Tal vez usted al leer este pasaje se siente identificado, por estar atravesando por una situación similar. Entonces, permítame decirle con total seguridad que todo lo que usted está sembrando en sus hijos no caerá en saco roto, porque si su corrección está guiada por Dios, el fruto de lo que usted hoy está sembrando será lo que pronto le traerá descanso y alegría.

¿Qué significa corregir?

Algunos padres tienen miedo de disciplinar, porque de chicos tuvieron una mala imagen de la corrección. Sus padres se limitaron a pegarles violentamente, agrediéndolos con gritos e insultos, y hoy, a la hora de limitar a sus hijos, tienen temor a que sientan lo que ellos sintieron. En otros casos, quizás, tuvieron padres castradores, que no soportaban que sus hijos cometieran un solo error y los golpearon sin piedad.

Recuerdo la historia de una joven que en una entrevista de consejería me relato su situación vivida, estando casada y con dos hijas pequeñas. Ella me contó su tremenda historia con mucho dolor. Cada vez que sus pequeñas se portaban mal, ella intentaba corregirlas, pero lo único que salía era una ira incontrolable que la llevaba a lastimarlas. Luego se arrepentía, al ver cómo sus hijas quedaban después de cada tremenda golpiza, y les pedía perdón llorando, aunque frente a otra nueva situación volvía a lastimarlas, una y otra vez. No podía evitar descargar su enojo en las personas que más amaba, esta actitud tenía una profunda raíz. Su padre había sido un hombre violento y tirano, de pequeña la controlaba y le seguía el paso de cerca, como esperando que cometiera un mínimo error para tener la oportunidad de golpearla. Ella narraba con un profundo dolor que no se podía borrar la imagen de lo que en toda su infancia vivió, ya que durante todo su primer período escolar, él la sentaba a una mesa, en la cocina de su casa, y controlaba sus tareas; y cuando erraba una letra o se equivocaba en una cuenta, en vez de ofrecerle una goma para borrar como lo haría cualquier padre, cerraba su puño y con fuerza golpeaba su cabeza, para luego arrancar del cuaderno la hoja, obligándola a comenzar toda la tarea de nuevo.

> La palabra corrección, según el diccionario, significa «enmendar lo defectuoso».

También recordaba que no quería invitar amigas a su casa porque se avergonzaba de lo que su padre pudiera hacer. Así, su vida adulta se transformó en un reflejo de su pasado. Cuando ella narraba su historia, parecía que revivía esos días de dolor.

El temor a repetir la misma historia que vivimos en la niñez se transforma en fantasmas que, en ocasiones, nos paralizan frente a la necesidad de corregir a nuestros hijos.

Creo que algunos tienen un concepto errado de lo que significa corregir, muchas veces, producto de sus malas experiencias vividas.

Interesante es observar que la palabra corrección, según el diccionario, significa «enmendar lo defectuoso», y en este sentido no podemos dejar de ver que hay ciertos defectos que se enquistarán en la vida de nuestros hijos, si no los enmendamos a tiempo.

Entendamos que se corrigen actitudes y no tan solo hechos. El niño o el adolescente pueden cometer un error, y basta una amonestación para ayudarlo; pero cuando hablamos de hábitos incorrectos o de actitudes desacertadas, entonces debemos corregirlas de una manera más contundente, ya que estamos ante una conducta. Es muy natural que un pequeño de tan solo dos años tire, por descuido, un vaso lleno de agua. Frente a este hecho, hay padres que se enfurecen y lo manifiestan con gritos y, en ocasiones, con golpes, sin entender que a esta edad, parte de la motricidad del niño se está desarrollando y que es muy común que cometan este tipo de torpezas. Muy diferente es cuando ese mismo niño mira al padre, desafiándolo, y con un vaso en la mano amenaza con volver a tirarlo.

Otra característica de los niños es probar hasta dónde pueden llegar con sus límites. Y es ahí donde muchas veces se da este «jueguito», a manera de actuación, entre el hijo y el padre, en el que este amenaza: «¡Cuento hasta tres...! Si no sueltas el vaso, te pego» y comienza así la cuenta: 1, 2 y.... Mientras esto ocurre, el nene sigue amenazando con su vaso en alto porque sabe que hasta que su padre no llegue a tres, tiene tiempo de seguir desafiándolo. El padre entonces grita ¡tres! Y el nene deja inmediatamente el vaso ofreciéndole entonces una mirada provocadora y traviesa.

Esta escena sucede una y otra vez cuando los padres quieren corregir a sus hijos con amenazas, hasta el punto de cansarse, luego de un día lleno de agotadoras correcciones.

¿Cómo establecer entonces pautas claras que ayuden a mis hijos?

Comience a temprana edad y vaya progresivamente. Los expertos aconsejan que establezcamos una rutina diaria, desde que nuestros hijos son bebés, que nos ayudará a ponerles límites. Detalles simples como fijar horarios para el aseo y para las comidas, y establecer una hora para irse a dormir. También destacan la importancia del orden al jugar y los horarios de ver la televisión. Estos son solo algunos ejemplos prácticos para comenzar a introducir a nuestros hijos en el camino de la vida.

Pero en la medida en que ellos vayan creciendo, no podemos dejar de marcarles límites. También llegará la etapa en la que debamos explicarles por qué los establecemos. De esta manera, les haremos razonar y entender que no son medidas caprichosas las que tomamos, sino que ellas les ayudarán en su formación. Al convertirse en jóvenes, ya habrán asimilado los límites como valores en su haber.

Permítame entonces recomendarle algunos principios, dentro de la disciplina:

◎ Cuando establezca límites, sea contundente; a veces, los padres no son categóricos a la hora de ponerlos; lo hacen con cierta inseguridad, y esto es percibido por los hijos, que terminan transgrediendo las pautas establecidas, ante el asombro de los padres.

◎ Sea claro en lo que está pidiendo a sus hijos. Por ejemplo: «Puedes jugar en el patio hasta el almuerzo» o «Después de tus tareas escolares podrás salir a jugar». En ocasiones, pensamos que ellos entienden «las medias frases», tales como «Regresa temprano». Tal vez, para usted regresar temprano significa las ocho de la noche, mientras que para su hijo es llegar a las 11 de la noche. Durante tres horas usted estará angustiado y con deseos de llamar a la policía, y su hijo volverá tranquilamente, preguntándole el porqué de su preocupación. ¿Dónde nació el conflicto? En la falta de claridad de los límites. Necesitamos establecer pautas en común.

◎ Siempre corrija en el momento, sobre todo, si su hijo es pequeño; porque luego no recordará el motivo de la corrección y pensará que está frente a un padre que lo castiga sin razón.

◎ Cuando lo haga, evite los gritos y los sermones largos y poco efectivos.

◎ Cumpla siempre con cada una de sus promesas. Si usted le dice que si se porta mal no irá a tal salida y luego usted se olvida, y termina yendo igual, entonces pensará que usted nunca cumple lo que promete.

No se le ocurra ponerle límites

- Mantenga una línea de pensamiento en lo que corrige. Si usted es de esas personas que cuando su hijo se burla de otros lo corrige, pero si se burla *solo* del hermano, entonces, lo deja pasar, entienda que su hijo se desconcertará.
- No enfatice únicamente los errores de su hijo, sino acuérdese de alabarlo cuando se lo merezca.
- Repréndalo en privado; de otra manera, su hijo pensará que tiene un padre que lo avergüenza en público.
- Nunca lo corrija con ira, sino sobre la base del amor.

Recuerde lo que dice Proverbios: «No corregir al hijo es no quererlo; amarlo es disciplinarlo» (Proverbios 13:24). La disciplina debe partir, entonces, *desde* el amor y debe ser impartida *con* amor.

Y recuerde:

- No pierda la calma fácilmente.
- No abandone sus convicciones cuando la situación se torne difícil.
- Nadie nació siendo padre, así que no permita que la vergüenza lo paralice cuando su hijo se comporte mal delante de otros.
- Sea tolerante cuando su hijo se equivoque sin darse cuenta.
- No pierda el gozo ni el sentido del humor.
- No olvide que usted tiene la última palabra, frente a una situación con sus hijos.
- Ofrezca otras opciones al mal comportamiento de sus hijos.

CLAVES PARA CRIAR UN HIJO DELINCUENTE

◎ Pida consejo a los que saben o a aquellos que pasaron por su misma situación.
◎ Dios es quien puede guiarnos para toda efectiva corrección.

No dude en discutir delante de sus hijos

Así crecerá lleno de inseguridades, esperando el día que se separen

«Si durante una crisis mostramos ser ejemplo de gracia bajo presión y actuamos de forma positiva, no solo ayudamos a que nuestros hijos sobrevivan la crisis inmediata, sino también a prepararse para las futuras» (Ken Canfield).

«El buen juicio hace al hombre paciente; su gloria es pasar por alto la ofensa» (Proverbios 19:11).

Cuando en el hogar se respira una atmósfera de comprensión y buena comunicación, esto se verá reflejado en los hijos; pero aquellos que están constantemente en presencia de tensiones, van luego a reaccionar en la vida manifestando, de una u otra manera, esa hostilidad.

Veamos algunos conflictos que en la mayoría de los casos pueden generar malestar y tensión, cuando permitimos que entren y se instalen en nuestro hogar:

- Las finanzas: El dinero puede convertirse en un punto de desavenencias, cuando escasea o si está mal administrado.
- Por un lado, la falta de dinero provoca en un hogar frustraciones por lo que no se tiene, y en otros casos, conflictos en el criterio de su utilización y administración. Situaciones cotidianas como gastos de alimentos, vestimenta, cuentas para pagar, muchas veces terminan generando un desgaste entre los cónyuges y dentro de cada uno. En general, los hijos suelen empeorar este panorama, con sus constantes demandas, al estar nosotros limitados económicamente.
- En otros casos, el dinero no escasea, pero tal vez no existe un acuerdo en el presupuesto familiar, generándose gastos innecesarios por parte de algún integrante de la familia. El no tener unicidad de pensamiento a la hora de administrar el dinero también causará una continua discusión. Presupuesto significa simplemente lo que presuponemos que vamos a gastar. En esto debemos de ponernos de acuerdo.
- El trabajo, en ocasiones, también es motivo de disputas: un hombre que trabaja excesivamente y luego en el hogar no tiene fuerzas más que para descansar, esto, tarde o

temprano, traerá descontento a su esposa. La falta de trabajo, en el otro extremo, puede generar frustración o, en ocasiones, depresión. Estos síntomas suelen acarrear malestar en la familia y muchas veces provocarán reproches o peleas.

- Personas ajenas al hogar pueden ser otro foco de conflictos: si se entrometen en los asuntos domésticos, influenciando así a algún integrante de la familia, pueden causar fracturas en las relaciones de ese hogar. Esto suele suceder cuando se comparte la vivienda con otros que son ajenos al núcleo íntimo de la familia.
- Los diferentes temperamentos en la pareja: sentirnos incompatibles a la hora de tomar decisiones, de opinar frente a determinados aspectos o, simplemente, en el roce cotidiano, que lleva en ocasiones a contender con el otro.
- Problemas más íntimos como la sexualidad, la falta de confianza, la falta de amor o de apoyo que, en algún momento, desembocarán en conflictos que harán temblar los pilares básicos dentro de la familia.
- Desautorizarse a la hora de la corrección; echarle la culpa al otro cónyuge de los errores cometidos por el hijo. Es muy común escuchar, en medio de una discusión: «Porque *tu* hijo dijo tal cosa» o «*Tu* hijo cometió tal error». De manera milagrosa, pareciera que ya no son nuestros hijos, sino solo de nuestra esposa o esposo, pretendiendo creer que los errores son producto de la influencia de los demás, y nunca nuestra.

Sea uno u otro el punto de tirantez en el hogar, el resultado es el mismo: ¡los hijos son los que más sufren!

Consecuencias de las discusiones

Hoy en día es muy habitual escuchar hablar del estrés. En realidad, lo que sorprende es que se habla de niños que lo padecen. Usted se preguntará cómo puede ser esto posible. En muchos casos se debe a un maltrato emocional provocado por la tensión a la que a diario son expuestos.

Un estudio arroja al respecto una estadística preocupante: de los niños que son derivados a terapia por problemas en la conducta, el 70%, aproximadamente, es el resultado de discusiones en el hogar.

Tal vez no tengamos conciencia de que nuestras discusiones son como impresiones que quedarán grabadas en la mente de nuestros hijos, y el creer que ellas no les afectarán en su futuro es negar una realidad.

> **Nuestras discusiones son como impresiones que quedarán grabadas en la mente de nuestros hijos.**

Los profesionales coinciden en señalar que el estrés es producto de vivir situaciones no placenteras, como problemas económicos, preocupaciones, discusiones en la pareja que no pueden ser resueltas. Si todas estas tensiones pueden afectarnos, siendo grandes, hasta provocar en nosotros una enfermedad, cuánto más, a nuestros hijos, que se encuentran totalmente desprevenidos frente a las experiencias que sin aviso la vida les presenta.

En los chicos, estas presiones suelen manifestarse en problemas de conducta en el hogar y, naturalmente, en la escuela. Su rendimiento en ella, muchas veces, estará condicionado a la estabilidad emocional que puedan tener. Definitivamente, nuestros desencuentros matrimoniales afectarán la estabilidad que nuestros hijos necesitan tener para rendir correctamente en la escuela.

> Nuestros desencuentros matrimoniales afectarán la estabilidad que nuestros hijos necesitan tener para rendir correctamente en la escuela.

Algunos problemas que pueden manifestar son:

- Problemas en la comunicación y en la sociabilización
- Estrés
- Problemas de atención
- Falta de memoria
- Fracasos académicos o de aprendizaje

Además, las presiones que sufren los niños, fruto de las discusiones que los padres tienen sin tregua, terminan afectando su salud. Habitualmente se oye hablar de enfermedades psicosomáticas, también llamadas enfermedades de las emociones.

Algunas de sus manifestaciones son:

- ◉ Insomnio
- ◉ Cefaleas
- ◉ Bulimia/Anorexia
- ◉ Asma
- ◉ Cólicos
- ◉ Fiebre

Recuerdo la historia que Alejandra, mi esposa, me contó acerca de su infancia. Siendo tan solo una niña, vivía con su familia en Rosario y solía venir a Buenos Aires de paseo con una tía que en ocasiones la traía para visitar la ciudad y para jugar con unos primos que tenían su misma edad. A ella le encantaba, lo disfrutaba muchísimo, pero al cabo de unos días extrañaba tanto a su familia, que inmediatamente le subía la fiebre; frente a este síntoma, su tía tenía que empacar y regresar a Rosario. Sinceramente era algo increíble: al pisar nuevamente su hogar y recibir el abrazo de sus padres, como una fórmula mágica, eso hacía que la fiebre desapareciera al instante.

> Nuestros hijos deben quedar siempre fuera de nuestras discusiones.

Increíble es comprobar cómo funcionan la mente y las emociones del ser humano.

No dude en discutir delante de sus hijos

Sin lugar a dudas, nada pasa por casualidad; aquellos pequeños que presencian peleas entre sus padres manifestaran de alguna manera lo que viven.

Días atrás, una persona amiga me comentó la revelación que su hijo de más de 35 años le había hecho, al contarle sensaciones que había guardado desde pequeño. Le recordaba su hijo que, siendo chico, él entraba en verdadera depresión y en pánico luego de ver discutir a sus padres en la mesa. Asombrado, mi amigo recordaba aquellas escenas en que confrontación con su mujer, quien le pedía que cambiara de trabajo ya que él era futbolista y su esposa quería que dejara el deporte para buscar otro trabajo, pues debía ausentarse por largos períodos de la casa. Recalcaba él que no eran peleas violentas ni agresivas, solamente discutían y, por momentos, llegaban a alzar la voz al no ponerse de acuerdo. Con cierta culpa mi amigo me decía: ¡Te das cuenta de la sensibilidad de los hijos!; pues para él era una simple discusión con su mujer, pero para su hijo era la sensación de que en cualquier momento se iban a separar y destruir el hogar.

> El mundo de nuestros hijos está en construcción constante y como consecuencia es demasiado frágil.

Nuestros hijos deben quedar siempre fuera de nuestras discusiones. Estas son inevitables en el matrimonio; lo importante es contar con reglas que nos ayuden a sobrellevar nuestras diferencias en la pareja sin producir la tercera guerra mundial en nuestra casa.

Aun en las peleas de box, se establecen reglas que deben ser celosamente respetadas por los contrincantes. El no cumplirlas causaría la descalificación del boxeador. Hay cosas que no son permitidas bajo ningún concepto.

Así debe suceder en la pareja: hay que establecer reglas que nos ayuden a poner parámetros en las confrontaciones. No debemos discutir delante de ellos: esta debe convertirse en una regla importante para respetar, pase lo que pase.

El mundo de nuestros hijos está en construcción constante y como consecuencia es demasiado frágil. Las constantes discusiones harán conmover ese pequeño mundo hasta hacerlo caer en crisis.

La fragilidad emocional de nuestros hijos se debe al estado de formación en el que se encuentran. La inestabilidad emocional en esta edad los marcará y será determinante para ellos al llegar el momento de constituir sus propios hogares.

Recuerdo el caso de un joven que al formar su propia familia se enfrentó a un gran problema: su postura en su hogar era en general la de un hombre malhumorado y que se expresaba con peleas y gritos cuando algo no le agradaba, ya sea de su esposa o de sus hijos. En cierta oportunidad pudo descubrir el porqué de su inexplicable comportamiento. Todo partía de su propia experiencia como hijo. Su padre a menudo discutía con su madre, lo que generaba un ambiente cargado de inseguridad en su hogar. Él recordaba siempre haber tratado de interceder para que sus padres dejaran de pelear, pero, cansado de no tener resultados, se iba a la cama a rezar, «pedirle a Dios» que sus papás dejaran de pelearse, porque en su mente pensaba que en cualquier momento se iban a separar.

Este ejemplo es un reflejo de lo que sucede en tantos hogares, en los que las peleas son una constante y generan inseguridad en los niños.

Nuestros hijos necesitan imperiosamente seguridad, que es dada por un hogar estable. Los padres, en este sentido, son los que deben contribuir a construir esos muros de contención. Los hijos deben no solo *saber,* sino también *sentir* que sus padres se aman y van a estar juntos, pese a los problemas que les toque enfrentar.

Las autoridades en los Estados Unidos están llegando a una conclusión: «Que es necesaria la recuperación de la unión familiar como base para el bienestar del hombre y de la sociedad». Ya que afirman que los hogares estables son más saludables y que, por lo tanto, aportan seguridad a cada integrante de su familia, gozan de una mejor salud en general y también, económicamente, son firmes. Por esta razón, hoy en día, son crecientes los programas de ayuda matrimonial, sostenidos, en muchos casos por el mismo gobierno, con el fin de conservar la familia.

> **Nuestros hijos necesitan imperiosamente seguridad, que es dada por un hogar estable.**

Si hay algo que debemos hacer es regresar a la revalorización de la familia como tal, debemos proteger nuestros hogares, precisamos con urgencia levantar los valores que han hecho de la familia el pilar de la existencia de la humanidad.

Algo que es sabido es que hoy en día el matrimonio se encuentra atravesando una profunda crisis. A veces se piensa sobre parejas que están viviendo conflictos: «Lo mejor que les podría haber sucedido es que nunca se hubieran casado». Debemos entender que no podemos reemplazar el valor del matrimonio solo porque pasemos una crisis en las relaciones; si tomamos ese atajo, lo único que lograremos es traer mayor ruina sobre el ser humano, que necesita pertenecer y ser formado en el seno de una familia.

> Todos queremos, en nuestro fuero más íntimo, tener una familia saludable.

Debemos proteger la familia, luchar por ella con todas nuestras fuerzas. Siempre que lo hagamos, contaremos con la gracia del Dios sobrenatural sobre nuestras vidas, ya que él sabe de la necesidad de contención que el ser humano tiene y que por excelencia puede encontrarla en una familia Precisamos con urgencia levantar los valores que han hecho de la familia el pilar de la humanidad.

Tengamos cuidado y entendamos que no podemos atacar la familia sin sufrir las consecuencias.

En el desempeño de mi trabajo como consejero, continuamente observo en la intimidad de las personas el alto valor que le asignan a la familia. Todos queremos, en nuestro fuero más íntimo, tener una familia saludable.

Dado que los conflictos son algo inevitable en la vida familiar, entonces nos preguntamos:

¿Qué podemos hacer para resolver los conflictos?
Conversar a solas para resolver la discusión

Los hijos no tienen por qué enterarse de las diferencias de sus padres. Sin embargo no podemos ignorar que los desacuerdos se van a presentar, pero el éxito dependerá de nuestra madurez a la hora de enfrentarlos. Muchas veces, las diferencias suelen surgir sin previo aviso: ahí está, apareció sin pensarlo un desacuerdo, y estamos a las puertas de empezar a discutir nuestras posiciones sobre algunos temas profundos. Será la madurez la que nos permitirá privarnos de iniciar una discusión, si estamos en presencia de nuestros hijos. Un temperamento irascible, descontrolado, muchas veces nos arrojará a disputas improductivas que los herirán. Tomar la decisión de detener la conversación hasta hallar un lugar a solas, sin la presencia de nuestros hijos, nos convertirá en personas maduras y protegerá nuestro hogar.

Recuerdo que, en una ocasión, una niña de 4 años que su familia creía que nunca presenciaba las discusiones en el hogar, le dijo a sus padres mientras viajaba plácidamente en el auto, un día como cualquier otro: «Mamá: No te soporto más», a lo que el padre enojado, le replicó: «¡Jovencita, no le hables así a tu madre! ¿De dónde aprendiste esa expresión?»

Y la niña respondió: «Es lo que le dijiste a mamá cuando discutían el otro día, papi».

Hay padres que piensan que cuando ellos discuten sus hijos no participan porque de pronto están absortos frente a un televisor, mientras que tienen una orejita pendiente de lo que hablamos y con otra siguen su serie preferida de televisión. Algunos piensan que por ser demasiado pequeños no van a entender, pero permítanme decirles que los chicos son mucho más intuitivos de lo que los adultos nos imaginamos, y todo lo que en nuestro hogar sembremos, sea bueno o sea malo, nuestros hijos lo absorberán porque quedará como impregnado en el ambiente. Los chicos suelen ser como verdaderas esponjas que absorben todo lo que pasa a su alrededor y a la vez, tienen luego la capacidad de reproducirlo, ante la expresión sorpresiva y horrorizada de los padres: «¡De dónde sacaste eso!».

Mantener la paz, en medio de la discusión

Aunque esto parezca contradictorio, el punto no es impedir que las discusiones lleguen, sino mantener un clima tal que la conversación no salga de su cauce. Las discusiones suelen ser como los ríos caudalosos, que son una verdadera bendición para la tierra, siempre que no se salgan de su cauce; de otra manera, se pueden transformar en catastróficas inundaciones.

> La paz se construye, se propicia, se genera.

No dude en discutir delante de sus hijos

Hay un pasaje en la Biblia que nos aporta sabiduría para estas situaciones. Dice: «Si es posible, en cuanto dependa de ustedes, estén en paz con todos los hombres».

¡Es tan claro este consejo! Mi actitud debe ser siempre la de procurar la paz, empezando por mi hogar.

La paz se construye, se propicia, se genera. La paz no surge de la nada, por arte de magia. Muchas veces pensamos que es como un efluvio que aparece mágicamente. Parte de propiciar esa paz será no permitir que las diferencias nos enfrenten.

Recuerdo que, hace no mucho tiempo en un canal abierto de televisión, entrevistaron a una pareja de ancianos que tenían 98 y 100 años de edad, respectivamente. Era algo increíble el verlos en la entrevista, pero lo más maravilloso fue escucharles decir que cumplían 80 años de casados. Claro, la sorpresa de la periodista la llevó a preguntarles dónde consideraban que estaba la clave para mantener un matrimonio de tantos años, a lo que el anciano respondió, tomado de la mano de su esposa: «Es que durante estos años tuvimos el acuerdo de nunca ir a acostarnos sin haber solucionado nuestra diferencias».

Esto suena maravilloso, pero en realidad es un principio que Dios nos dejó como consejo para todo aquel que desee conservar su familia.

Es posible apostar al matrimonio para toda la vida.

Lograr empatía en medio de la discusión

En general, observo que los problemas no pueden ser resueltos en un hogar no tanto por las situaciones en sí que les toca vivir, sino por la manera en la que sus integrantes se comunican.

La empatía, en este sentido, va a cumplir un papel fundamental; esto es «ponerme en el lugar del otro», en lo que siente, en su manera de ver las cosas. Algunos lo definen como ponerme en los zapatos del otro. Esto habla de dejar a un lado nuestro egoísmo para darle el primer lugar a la persona que tengo a mi lado. Siempre afirmo que si pretendo que mi matrimonio *gane*, entonces debo aprender a ceder en muchos aspectos; cuando logro ponerme al lado del otro y ver desde su punto de vista, esto me permitirá arreglar mucho más rápidamente lo que nos está confrontando. Entender por qué siente lo que siente. Recuerde que no todos tenemos la misma mirada de las cosas que nos suceden.

> Si pretendo que mi matrimonio gane, entonces debo aprender a ceder en muchos aspectos.

Ser generadores de la solución y no de la discusión

Hay personas que no enfrentan los problemas matrimoniales por temor a generar una ruptura en la pareja y piensan que ignorar el problema es la solución; sin embargo, esto no es así. El paso del tiempo suele empeorarlos.

> Cosas tan simples como un abrazo, una cuota de humor, un gesto amistoso o un «te quiero» suelen poner paños fríos a la situación.

En cierta ocasión a alguien le regalaron un elefante, ¡imagínense, tener como mascota un elefante! Usted que no sabe ya qué hacer con su gato o con su perro, ¡pobre de este que tenía un animal de estas proporciones! No sabiendo dónde ponerlo, decidió ubicarlo en la azotea de su casa. Al principio se alegró enormemente de la solución hallada, como se suele decir: «ojos que no ven, corazón que no siente». Lo único que debía hacer era arrojarle la comida al elefante que estaba en la azotea de la casa. Después de cuatro meses, engordó muchísimo, ya que lo único que hacía en la azotea era comer. De repente, sucedió lo inesperado: el techo de la casa no pudo soportar más el peso del enorme animal y cayó sobre la cabeza de su dueño. ¡Enorme dolor de cabeza le produjo! Así suele suceder con los que tratan de ignorar los problemas y los viven postergando.

Pero es cierto que para hallar solución en las diferencias siempre alguien debe tomar la iniciativa. Sucede a menudo que somos buenos a la hora de iniciar los conflictos, pero no tan rápidos para resolverlos.

Nos justificamos con frases como: «Si él empezó, que él lo termine» o «Siempre termino cediendo yo».

Pero entendamos que cuando vamos, como habitualmente se expresa en la guerra, con *una bandera en son de paz,* esto redundará en el bienestar de nuestro hogar. Cosas tan simples como un abrazo, una cuota de humor, un gesto amistoso o un «te quiero» suelen poner paños fríos a la situación.

Buscar la manera adecuada de resolver la discusión
En ocasiones somos tan apresurados para hablar que, en el intento de solucionar los problemas, terminamos empeorándolos. Es fundamental no solo lo que decimos si no como lo decimos.

Supongamos por un instante que usted le diga a su esposa: «Querida, te dije que te amo» esto suena muy romántico, ¿verdad?, pero ahora imagínese que se lo diga a los gritos y con cara de enojo porque otra vez ella le pide que se lo exprese. ¡Qué efecto negativo causaría en nuestra relación!

Por esto es tan sabio pensar antes de hablar, no solo en lo que voy a decir, sino también de qué manera lo voy a expresar. Un momento de silencio antes de hablar puede ayudarme a resolver inmediatamente un conflicto.

> Es fundamental no solo lo que decimos si no cómo lo decimos.

Recuerde algo fundamental: para que se pueda iniciar un conflicto siempre se necesitan dos. Si uno no quiere pelear, definitivamente se acabó el conflicto.

Recuerde entonces siempre ser parte de la solución.

Quisiera concluir este capítulo con una conocida reflexión llamada «Las tres puertas»

Se dice que en una oportunidad una mujer se acercó enfurecida y le dijo a su esposo:

—Querido, tengo varias cosas para reprocharte.

—Espera —la interrumpió el esposo—. ¿Ya hiciste pasar por las tres puertas lo que tienes para decirme?

—¿Qué tres puertas?

—Sí, la primera es la paz. ¿Estás segura de que lo que tienes para decirme lo vas a hacer en paz?

—No creo, estoy demasiado enojada.

—La segunda puerta es la del amor. ¿Estás segura de que vas a decírmelo porque me amas?

—Al contrario, no puedo pensar en el amor en este momento.

—¡Al menos, lo habrás hecho pasar por la última puerta, la del perdón! Luego de decírmelo, estás segura de que vas a perdonarme.

—Lo dudo, estoy muy decepcionada de ti.

> Si uno no quiere pelear, definitivamente se acabó el conflicto.

—Entonces, dijo el esposo sonriendo: «Si lo que vas a decirme no va a traer paz, ni amor, ni perdón, mejor será olvidarlo para siempre».

¡Cuánta edificación traeríamos a nuestro hogar si pensáramos en las tres puertas antes de hablar!

No se preocupe por su formación espiritual

Así crecerá con un profundo vacío interior

«A los que me aman, les correspondo; a los que me buscan, me doy a conocer» (Proverbios 8:17).

Vivimos en un mundo vacío de espiritualidad, donde todo tiene connotación con lo material, lo que se toca, lo que se ve. Esta marcada inclinación hacia lo material ha producido un enorme vacío en la sociedad en la que vivimos.

La enseñanza espiritual es un valor que ayudará al niño que un día se convertirá en adulto a poder encontrar una vida trascendente. Este valor debe ser transferido por los padres: son ellos los que deben influir en sus hijos para que busquen algo más en la vida. Hay personas que piensan de esta manera: «Cuando él sea grande, que él elija». Lamentablemente, cuando él sea grande será tarde, porque ya estará formado y le costará enormemente detener la fuerza tremenda de inercia del mundo en que vivimos, que buscará arrollarlo en su corriente de carencia y de superficialidad.

¿Cómo puede entonces el padre asumir semejante responsabilidad?

Recuerdo una publicidad de televisión, en la que, con un tono gracioso, un joven tenía que ir a cenar a la casa de sus suegros y consultaba un libro para ver qué halagos decirles; luego mostraban diferentes situaciones de la vida en las que un supuesto libro enseñaba a actuar frente a cada una de ellas y, finalmente, mostraban a un padre consultando el mismo libro para resolver una situación con su hijito pequeño. ¡Muchos anhelaríamos que existiera dicho librito! Pero la realidad es que todos aprendemos a ser padres en la práctica.

> ...la realidad es que todos aprendemos a ser padres en la práctica.

La Biblia, sin embargo, puede convertirse en nuestro apreciado consejero, ya que contiene increíble sabiduría; en particular, el Libro de Proverbios, escrito por el rey Salomón, dotado de una inigualable gracia, dice: «Instruye al niño en el camino correcto, y aun en su vejez no lo abandonará» (22:6).

Salomón pone énfasis en instruir al niño; la condición de *niño* es esencial para impartir valores, pues la niñez es una tierra permeable, abierta, receptiva.

Los psicopedagogos coinciden en sostener que en la temprana edad de los niños se abre literalmente una ventana de aprendizaje para asimilar los valores y principios. En los siete primeros años de vida, ese niño formará su carácter, que luego se irá puliendo en el transcurso de toda su vida.

Recuerdo una anécdota increíble. Al poco tiempo de caer el bloque soviético, un grupo de diez jóvenes viajaron a Rusia para recorrer escuelas y hablar de la vida cristiana y de su fe.

No puedo borrar de mi memoria los comentarios que hacía una traductora rusa que, con lágrimas en los ojos, conmovida por el mensaje de Cristo, dijo: «Quisiera creer, pero no puedo; mi mente no me deja». Luego nos explicaría que durante setenta años le habían enseñado que Dios no existía, durante su infancia le habían dicho que Dios no era real, y eso se convirtió en una fortaleza en su mente. Ella mencionó que hasta los siete años no les permitían tener acceso a ningún pensamiento contrario al comunismo; decían que de esta manera se aseguraban la firmeza de la persona en sus ideologías.

> La niñez es una gran puerta abierta a la influencia, y los padres jugarán un papel fundamental.

No en vano el sabio Salomón dice: instruye al niño en su camino y *nunca*...

Como mencionaba, la niñez es una gran puerta abierta a la influencia, y los padres jugarán un papel fundamental en este aspecto.

¿Cómo contribuir a la formación espiritual?

Alimentar *la vida espiritual* de nuestros hijos significa, en primer lugar, reconocer la existencia de *una vida espiritual*. Y aunque pareciera obvio, algunos parecieran ignorarlo.

Enviamos a nuestros hijos a la escuela porque aceptamos que ellos poseen una vida intelectual, por eso procuramos que se desarrollen y perseveren en sus estudios.

Enviamos a nuestros hijos a hacer deportes porque reconocemos que tienen una vida física que deben desarrollar, sabiendo todos los beneficios que el cuerpo recibe por mantenerse en buena forma.

> La Biblia es una fuente de fundamentos para establecer nuestros principios.

Contenemos a nuestros hijos afectivamente, los abrazamos, les expresamos nuestro amor porque reconocemos que tienen una vida emocional, la cual debemos proteger por medio de nuestro afecto.

De la misma manera, si no hacemos nada por el desarrollo de su vida espiritual, seguramente fomentaremos que en esa área se genere una gran carencia; es como reconocer que los músculos del cuerpo necesitan ejercitarse pero, aun así, no preocuparme por ello: tarde o temprano, esos músculos se atrofiarán. De la misma forma sucede con el espíritu.

Por esta razón es necesario *desarrollar* la vida espiritual de nuestros hijos, trabajando así sobre la base de lo que ya tengo. El término *desarrollar* da la idea de que algo que está enrollado necesita ser desenrollado. Es como la imagen de una gran alfombra enrollada que necesita desenrollarse para poder utilizarse. Ya la alfombra existe y está en todo su potencial, tan solamente hay que abrirla para poder usarla. Así pasa con la vida espiritual: esta allí dentro, pero es indispensable contribuir con su desarrollo. Esta tarea es indelegable por parte de los padres.

> Hay valores que serán arraigados en la vida de nuestros hijos por lo que ellos vean en nosotros.

La Biblia es una fuente de fundamentos para establecer nuestros principios.

Cuando la Biblia nos habla de instruir al niño en justicia, no nos está alentando tan solo a llenar sus mentes con pasajes bíblicos, sino más bien a mostrar con nuestras vidas la efectividad de sus dichos. Por esta razón afirmo que la instrucción en la Palabra, junto con el ejemplo de los padres, formará en el pequeño un espíritu sano.

Hay padres que creen que con tan solo leerles la Biblia, el niño crecerá con valores.

No basta solo con disponerse a leer un pasaje bíblico para creer que estoy fundamentando mi hogar sobre una base cristiana, hay valores que serán arraigados en la vida de nuestros hijos por lo que ellos vean en nosotros.

No puedo intentar inculcar que la vida de fe me llena de paz, si no ven que yo lo vivo diariamente.

En una ocasión se le preguntó a un joven sobre qué traducción de las Biblia él prefería leer. A lo que contestó. «Yo prefiero leer la de mi madre». Ella ha traducido la Biblia al lenguaje de la vida diaria.

La instrucción en los valores de fe, junto con nuestro ejemplo y un ambiente adecuado, serán esenciales para que lo que sembremos sea efectivo. Un hogar en el que el amor y el respeto mutuo abunden permitirá que la enseñanza espiritual sea efectiva y pueda ejercer una influencia positiva en los hijos.

¿Qué significa influenciar a nuestros hijos?

Influenciar es un término que implica fluir en el otro: algo que yo tengo dentro de mí y que lo vuelco en otra vida. Por eso se suele decir que «desde lejos se impresiona, pero desde cerca se influencia». En la distancia, somos impresionados, por ejemplo por el maestro que da una clase frente a un gran auditorio.

> Lo que produce verdaderos cambios en una vida es la influencia

Es así que lo admiramos y decimos: ¡Qué sabiduría, qué capacidad para comunicar! En realidad, lo que ha logrado es impresionarnos.

Lo que produce verdaderos cambios en una vida es la influencia y, como dijimos, para influir en alguien tenemos que estar cerca, pasar tiempo, dejarnos ver; solo así, esa persona recibirá nuestra influencia, viendo nuestro comportamiento, nuestras reacciones ante las circunstancias de la vida y nuestras respuestas.

> **La responsabilidad de los padres es ejercer influencia en sus hijos.**

Indiscutiblemente, la responsabilidad de los padres es ejercer influencia en sus hijos. Hay muchos que me dicen: «¿Qué puedo hacer por mi hijo, si no tengo los suficientes estudios para poder influir sobre él? No pude estudiar, no puedo hacer nada por él».

Esta manera de pensar se ha convertido en un error generalizado, pero permítanme asegurarles que no influenciamos por lo que sabemos, sino por lo que somos.

Hay padres que se sienten mal porque creen que no tienen nada y que no le pueden dar nada al hijo, pero en realidad, se forma a los hijos desde lo que uno es.

En ocasiones no nos damos cuenta del valor de lo que tenemos (no me refiero a lo material, sino a lo que somos), y uno puede ser mucho más grande de lo que piensa, porque en este mundo tan material se cree que el secreto está en lo que se tiene, cuando la verdadera importancia está en lo que se es. El ser honesto, amable; el ser un buen padre, el ser una persona correcta, el ser un buen esposo. Y desde ese lugar es de donde podemos imprimir en nuestros hijos nuestra influencia.

En cierta oportunidad, un obrero arreglaba delicadamente una porción de la vereda de una casa. Mientras pasaba el cemento con su espátula y observaba que quedara lo más pareja posible, le puso una cuerda para proteger su obra y que nadie pisara su arreglo hasta que el material se secara. Al día siguiente, al volver al lugar, el cemento ya estaba seco, pero había una serie de impresiones tales como las huellas de un perro, parte de una zapatilla que evidentemente sin querer alguien apoyó, y un hermoso corazón que al parecer alguien se tentó y escribió, con la inscripción de «María y Andrés», las cuales nunca más se borrarían. Este ejemplo me hace pensar en las impresiones que dejamos sobre nuestros hijos. Sus vidas son como ese cemento fresco dispuesto a ser marcado para siempre. ¡Tenemos la gran posibilidad de dejarles huellas permanentes!

> No puedo ejercer influencia, si no paso tiempo en mi hogar.

Es esencial, por lo tanto, entender que no puedo ejercer influencia, si no paso tiempo en mi hogar; y no me refiero exclusivamente a *cantidad*, sino más bien, a *calidad*.

En los EE.UU., un minucioso estudio sobre las familias arrojó una abrumadora estadística acerca del promedio de tiempo diario que los padres *interactúan* con sus hijos, que fue de 0.7 segundos. La pregunta que surge entonces es cómo podemos influir con nuestras creencias y valores a nuestros hijos en tan poco tiempo diario.

Tal vez nuestro tiempo es escaso, pero la clave será aprovechar al máximo cada minuto que compartamos con ellos.

Un hombre que vivió en esta tierra, con poco tiempo en su agenda, como la mayoría de nosotros, al partir de este mundo conmovió a toda cuanta persona lo conocía. Todos hablaban de cuánto lo iban a extrañar y, cuando digo todos, estoy hablando de una multitud de personas; cada una de ellas decía en qué la había marcado este apreciado hombre, y todos concluían en que su integridad era su mayor virtud. Mi pregunta fue cómo pudo influenciar a tanta gente, y la respuesta es que supo aprovechar cada minuto que pasaba con cada persona, para mostrarse y dejar así una huella inolvidable en cada una. Su nombre no es trascendente ni famoso, pero sí supo dejar marcas indisolubles en aquellos que lo conocieron.

> Logramos influenciar desde nuestro carácter, que nada tiene que ver con la personalidad.

Logramos influenciar desde nuestro carácter, que nada tiene que ver con la personalidad. El carácter son las características internas que una persona tiene.

De nada sirve que un padre le dé un excelente sermón al hijo sobre el respeto, si este ve que no respeta a la madre.

Esos dobles mensajes serán intolerables para los hijos, sobre todo, si están en la etapa de la adolescencia. Ellos no tolerarán la hipocresía de los mayores.

En pedagogía hay un fenómeno que se da cuando un maestro enseña una cosa y luego, fuera del salón, los alumnos lo ven vivir otra muy distinta. Es ahí donde el alumno sufre una decepción porque la imagen que quedará guardada en su mente será la de un maestro al que le vieron hacer lo contrario de lo que enseñó. Esto tiene un nombre y es «el mensaje oculto en los estudios» porque se termina enseñando otra cosa, más allá de una clase formal.

En la familia ocurre algo similar. Alguien dijo una vez: «Tus actos son tan fuertes que no me dejan escuchar tus palabras».

Uno de los mayores valores que los padres deben imprimir es el de la fe y el temor a Dios. Cuando hablamos del temor a Dios, no estamos hablando de terror a Dios. No hablamos del Dios que te va a castigar y mandar al infierno, o de ese Dios que está esperando ansiosamente que te equivoques para reprenderte, sino más bien de un Dios al cual se lo busca obedecerle solo por amor.

> Alguien dijo una vez: «Tus actos son tan fuertes que no me dejan escuchar tus palabras».

Tiempo atrás era común escuchar la expresión: «respeto al padre», «respeto a la madre», «respeto a la autoridad», cuando, en realidad, se hablaba de un profundo respeto.

Recuerdo los comentarios de un amigo: me decía que siendo chico, al mirar a los ojos a su papá, ya se daba cuenta de todo lo que pasaba. Era una mirada de autoridad sobre él. Su padre no necesitaba decir una palabra, su mirada, su presencia ya lo decían todo.

Los tiempos, hoy, han cambiado diametralmente; todo es distinto. Muchos hijos ignoran la autoridad del padre. Son padres más bien ausentes o que no inculcan el respeto.

Cuando hablamos del «temor a Dios» hablamos de un Dios, al cual tengo en cuenta. Un Dios que sé que está en todo lugar para cuidarme y, a la vez, al estar en todo lugar no solo me cuida, sino que también me ve. No puedo esconderme ante un Dios que está en todo lugar al mismo tiempo.

> No puedo esconderme ante un Dios que está en todo lugar al mismo tiempo.

Muchos hijos cambian su comportamiento al advertir la presencia de los padres. Lamentablemente, el padre no puede estar en todo lugar donde esté el hijo para cuidarlo, ya sea de un peligro o de un error que él pueda cometer; pero Dios, sí, puede estar. El conocimiento de la existencia de Dios y la relación que nuestros hijos pueden tener con él exceden a nuestra limitada existencia y presencia. Es así que si logramos que nuestros hijos desarrollen una relación personal con Dios, les estaremos entregando el tesoro más precioso que un padre pudiera darle a un hijo y, por otro lado, nos traerá mucha paz como padres que anhelamos protegerlos en todo tiempo.

El reconocido educador, Dr. Pablo A. Kienel, afirma: «El niño nace con una voluntad propia que dice: "Haré lo que quiero". Él está totalmente orientado hacia sí mismo. Los niños siempre retan al liderazgo paterno. Cuestionarán los límites que usted establezca y probarán su paciencia con desafíos infantiles a su autoridad».

Cuando se habla de autoridad, muchas veces se desarrolla una relación de poder entre el que debe ejercer la autoridad y el que debe reconocerla. Es como una especie de pulseada que hay entre hijo y padre, en la que debe quedar bien claro que siempre tiene que ganar el padre en lo que respecta a la autoridad. Este es un principio que debiera ser un pilar en la relación padre e hijo, en que no puede haber error. Enfatiza el Dr. Kienel que desde pequeño debe quedar bien establecido. De otra manera, si el padre no logra ganar en esta denominada *pulseada* desde el comienzo, y el hijo prevalece, luego este va a querer ganar en la escuela y en la vida, y ahí se va a encontrar en verdaderos problemas, cuando compruebe que no podrá hacerlo siempre.

Conductas de este tipo harán que ese hijo quiera llevarse todo por delante en la vida, por haberlo hecho con sus padres, de niño, sin que nadie le pusiese límites. Así, se manifiestan problemas en la escuela, con el maestro; en la universidad, con los profesores; en la vida pública, con la policía. En esta instancia ya estamos hablando de conflictos con la autoridad.

Recuerde entonces lo que mencionamos: «En esta pulseada que hay entre hijo y padre, siempre tiene que ganar el padre, en lo que respecta a la autoridad».

Si como padre siente que su hijo siempre termina haciendo lo que desea, creo que es tiempo de replantear si estamos influenciando a nuestros hijos o, por el contrario, ellos lo hacen en nosotros. Si esto es así, definitivamente necesitamos tomar decisiones drásticas en nuestra crianza para comenzar a marcar límites claros y evitar así que nuestros hijos deshonren la autoridad.

La Biblia, con atinada sabiduría, dice: «Todos deben someterse a las autoridades públicas, pues no hay autoridad que Dios no haya dispuesto» (Romanos 13:1).

Si enseñamos este principio a nuestros hijos, les estaremos enseñando a ser personas sabias en la vida.

Vaya detrás de su hijo recogiendo todo lo que tira

Así crecerá creyendo que no es responsable de nada en la vida y, mucho menos, de su destino

«El de manos diligentes gobernará; pero el perezoso será subyugado» (Proverbios 12:24).

La diligencia no es producto de la casualidad en una persona, sino que es un hábito que debemos desarrollar en la vida de nuestros hijos, si en verdad deseamos verlos progresar y alcanzar grandes logros.

Escuché decir en reiteradas oportunidades: «Mi hijo no tuvo suerte en la vida», y lo dicen porque nunca logró conseguir un buen trabajo, no tuvo amigos que le duraran demasiado tiempo, no llegó a formalizar una familia.

Hace un tiempo, escuché un reportaje que realizaban en una radio de mucha audiencia, en el ámbito de la ciudad de Buenos Aires, Argentina, que me pareció sumamente interesante, ya que un psicólogo afirmaba que la «suerte», como tal, no existe. En ocasiones la gente atribuye a un hecho fortuito el que alguien prospere en esta vida o tenga un matrimonio feliz, y piensan que a esa persona, seguramente, la suerte la acompaña. Pero este profesional decía que luego de un estudio hecho a diferentes personas a las que les iba bien en la vida, se llegó a la siguiente conclusión: que la suerte no existe, sino que la fortuna de estas personas, sea cual fuere, era la consecuencia de una serie de conductas en sus vidas, tales como el empuje, la perseverancia y el trabajo incesante para alcanzar sus metas.

> Si nuestros hijos no son educados sobre la base del esfuerzo y la responsabilidad, estaremos educando personas incapaces de conquistar algo por sí mismas en esta vida.

Si nuestros hijos no son educados sobre la base del esfuerzo y la responsabilidad, estaremos educando personas incapaces de conquistar algo por sí mismas en esta vida.

Hay padres que entran a su hogar y afirman: «¡Llegó el nene!» Y ¿cómo se dan cuenta? Porque hay un tendal de cosas en el piso.

Vaya detrás de su hijo recogiendo todo lo que tira

Llegó y tiró: el uniforme de la escuela, la corbata, el libro. Y ahí va la mamá detrás, recogiendo todas las cosas.

Si desea tener hijos «malcriados», entonces el mejor consejo será: Haga todo por él, y él, entonces, obtendrá experiencia en dejar toda la responsabilidad siempre a otros. De esta forma, cuando sea grande, va a dar un portazo en el trabajo y va a dejar hablando solo al jefe cuando le pida que haga algo extra; se va a ir de la casa y va a dejar a la esposa y a los hijos y, en vez de asumir la responsabilidad que le compete, va a optar por hacer siempre lo más práctico, elegirá el camino más fácil, el de menor esfuerzo. Cuando tenga problemas; dará portazos en la vida porque usted le habrá enseñado, desde pequeño, a deslindar las responsabilidades siempre en los demás.

> **Si desea tener hijos «malcriados», entonces el mejor consejo será: Haga todo por él, y él, entonces, obtendrá experiencia en dejar toda la responsabilidad siempre a otros.**

Los chicos suelen utilizar el cerrar la puerta fuertemente para mostrar su disconformidad con muchas de nuestras decisiones como padres. En una edad temprana, esos portazos tendrán consecuencias que fácilmente podremos corregir; pero cuando sean grandes, las consecuencias de esos portazos no serán tan fáciles de cambiar.

La disciplina es una gran tarea por desarrollar: implica tiempo, esfuerzo y una gran dedicación. Muchas veces es más fácil dejar pasar las cosas y hacer como que no las vemos. Debemos saber que la responsabilidad de corregir a nuestros hijos es nuestra y que esto los afectará por el resto de sus vidas y se convertirá en el mayor legado que les podamos dejar.

> La disciplina es una gran tarea por desarrollar: implica tiempo, esfuerzo y una gran dedicación.

Nadie puede asumir responsabilidades, si previamente nadie se encargó de enseñárselas. Hay hijos sumamente perezosos que optan por el camino más cómodo y placentero; y padres que fomentan su pereza, pero reflexione conmigo acerca de esta verdad: ninguno que haya considerado la pereza como estilo de vida alcanzó nada trascendente.

Esos jóvenes serán entonces conocidos en la sociedad como personas «irresponsables», a las que nada importante puede encomendársele.

Definiendo el concepto de responsabilidad

Podríamos decir que responsabilidad es la habilidad para responder adecuadamente ante cualquier situación que se presente. Por tanto, debemos posibilitar que se desarrolle en nuestros hijos.

La mamá jirafa tiene una manera muy particular de enseñar a su cría, apenas nace, a lograr la firmeza en sus patas.

El verla en esta acción, sin duda, despertaría el asombro de cualquiera de nosotros: empuja al recién nacido hasta hacerlo caer de trompa al piso, y esta secuencia la reitera una y otra vez, hasta que esa jirafa recién parida se afirma en sus patas y ya es capaz de resistir el empuje de su madre sin siquiera tambalearse. Este impulso natural que la madre realiza sirve, nada más y nada menos, que para ayudar a que su pequeño hijo aprenda a caminar lo más pronto posible y así tenga la capacidad de escaparse, en caso de que un depredador le aseche.

> Los valores que logre imprimir en la vida de sus hijos los afectarán para bien y les salvarán la vida, en medio de una sociedad que no perdona.

Nunca podría entender el hijo los empujones de esa mamá, que se los da por su bien. La enseñanza, como decíamos, le salvará la vida, ante los animales que tratarán de devorarlo sin compasión.

Muchas veces usted se sentirá incomprendido por sus hijos como esa jirafa, al enseñar a caminar a su cría. Pero recuerde: los valores que logre imprimir en la vida de sus hijos los afectarán para bien y les salvarán la vida, en medio de una sociedad que no perdona.

Interesante lección nos deja la naturaleza, a la hora de formar responsablemente a nuestros hijos.

Un hijo al que no le exigimos será luego un joven que no pueda desenvolverse en la vida.

Todos anhelamos, en mayor o en menor medida, formar hijos responsables; pero básicamente, el resultado dependerá de dos pilares en nuestra relación con ellos: lo que les exijamos, por un lado, y lo que les proporcionemos a cambio, por el otro.

Los extremos nunca han sido buenos. Hay personas que presionan a sus hijos más de la cuenta.

Recuerdo a un niño con una actitud extrema de autoexigencia, que fue empujado por su padre a esforzarse para alcanzar la perfección. Claro está que nunca lo logró, pero en la búsqueda de ese ideal llegó, en su juventud, a enrolarse en el ejército con la motivación errada de que allí, por fin, su vida fuera totalmente pulida. La sumatoria de su temperamento, más los años de exigencia, llegó a sacar lo peor de este joven. Cuando salió del ejército, al darse cuenta de que ésta no era su verdadera vocación, comenzó a trabajar con un familiar muy cercano, un tío, que le abriría las puertas para solventarse, aunque más no fuera, provisoriamente. Pero algo pasó: un mes algo complicado, su tío se atrasó en el pago de su salario. Su formación hizo que no pudiera tolerar ese error y entonces decidiera buscarlo para matarlo. Su intento frustrado hizo que, finalmente, tomara conciencia y,

> Hay personas que sufren aun de profundas depresiones por no poder alcanzar su propia medida de exigencia

horrorizado de su propia actitud, buscó ayuda espiritual para lograr cambiar. Pero este ejemplo me llevó a reflexionar en cuántas personas fueron presionadas a alcanzar metas inalcanzables, y esto provocó un sin fin de desequilibrios traumáticos en sus vidas.

Hay personas que sufren aun de profundas depresiones por no poder alcanzar su propia medida de exigencia, pero esta conducta tiene una raíz, y su origen se remonta a esos días en los que tal vez sus padres les exigieron más de lo que podían alcanzar.

Por otra parte, en el otro extremo de esta actitud, están esos padres «livianos» que no contribuyen en lo absoluto en la autosuperación de sus hijos. Si usted es de los que les hacen aun los deberes a sus pequeños, permítame observarle que su hijo va camino a la evasión de cada una de sus responsabilidades.

> Es nuestra responsabilidad forjar en nuestros hijos el valor de nunca abandonar y siempre perserverar.

Una joven me comentó en una oportunidad que por más que intentara una y otra vez alcanzar sus metas personales, cuando parecía llegar a su sueño, algo en su interior la frenaba, trayéndole inseguridad y temor al fracaso. Sin aguardar hasta ver si lo lograría, abandonaba cada proyecto que se había propuesto. No importaba cuánto se esforzaba, siempre el final era el mismo: desistía del intento. Es nuestra responsabilidad forjar en nuestros hijos el valor de nunca abandonar y siempre perserverar.

Muchos padres desarrollan conmiseración por sus hijos por poseer algún problema físico, intelectual o simplemente por ser los más pequeños o porque ya tienen suficientes problemas familiares como para desafiarlos a alcanzar metas en la vida.

Hay jóvenes que, por consecuencia, creen que los logros vendrán a sus vidas con tan solo desearlos, y se frustran al comprobar que sin esfuerzo no llegan a nada.

De acuerdo con esta interacción antes mencionada entre padre e hijo, será el grado de responsabilidad que cada hijo asumirá en la vida.

Escuché decir muchas veces: «¿Cómo puede ser que crié a mis dos hijos de igual manera, pero los dos son totalmente diferentes en sus actitudes?»

Es cierto, también, que hay características que se heredan. Hay un dicho popular en la Argentina que dice que «Los chicos no nacen de un repollo», haciendo alusión a que si son de una determinada manera, evidentemente, es porque hay una influencia directa de los padres en su personalidad.

Es imprescindible conocer a nuestro hijo. Una buena manera de hacerlo es conocer su temperamento. Esto nos ayudará a saber un poco más acerca de ciertos comportamientos que parecen inexplicables.

Vaya detrás de su hijo recogiendo todo lo que tira

¿Qué temperamento posee su hijo?

Básicamente, usted podrá identificarlo, dentro de estos cuatro diferentes temperamentos:

◎ **Sanguíneo:** Es aquel que posee una personalidad alegre, la vida es un juego para él. Es en general optimista, motivador, ruidoso. Le es muy fácil hacer amigos. Habla y después piensa. Se emociona fácilmente, suele inspirar y persuadir a otros, pero cuando se refiere al *orden,* es, generalmente, *desordenado*: pierde todo, es desorganizado. Miren su cuarto y verán un caos, el cuaderno que utiliza en la escuela no se sabe dónde comienza ya que tiene hojas en blanco por diferentes partes. Suele tener la mente en cualquier lado. Se olvida de los detalles. No es serio con nada. La vida se torna en un mundo de aventura. Es impuntual o nunca llega a destino, muy indisciplinado. Nunca termina lo que comienza, puede pasar por cuatro carreras: veterinario, ingeniero, astrónomo, y termina siendo oceanógrafo. El dinero del que dispone suele evaporarse rápidamente. Es muy orgulloso para recibir consejos.

◎ **Colérico:** Su mayor deseo es tener el control de la situación. Sabe tomar decisiones excelentes. Puede tomar *responsabilidades* y alcanzar lo que desea. Es disciplinado, responsable. Puede lograr mucho en poco tiempo. No se distrae. Es muy organizado. Va al grano. Tiende a ser muy dominante. Tiene capacidad natural para ser líder. Es muy dinámico, no es ocioso, sabe corregir. Es algo mandón y muy autócrata, no le importa pasar por encima de los demás. Logra lo que quiere a cualquier costo. En ocasiones, suele ser hiriente, famoso por su espíritu vengativo. Es frío, implacable.

◎ **Melancólico:** Es perfeccionista, talentoso, le gustan las artes. Analítico, reflexivo, creativo y sensible. Es introvertido y muy egocéntrico. La vida debe pasar por él. Se critica duramente. Es muy desconfiado, se deprime fácilmente. Hoy está feliz y en un rato se siente morir. Se gratifica o come para salir de la depresión. Se concentra demasiado en los detalles y es muy pesimista. Los comentarios que suele expresar son: «¡Qué mal día, hoy! Mejor me voy a dormir...». Sospechan de todo el mundo: «¿Estará diciendo la verdad?». Es muy inseguro, le da miedo todo: «¿Lo hago o no lo hago?».

Todo en el cuarto, así como en la vida, está estratégicamente puesto, en su *perfecto orden*. Abre y hay un cartel que dice «bienvenidos». Si hay una arruga en la cama, dice... ¿quién se sentó en mi cama? Lo mismo hace con su ropa.

◎ **Flemático:** Es aquel que siempre se demora al copiar, en la escuela. No le gusta tener problemas. Tiene una bandera blanca de la paz que lo caracteriza. Es una persona calmada, lenta, muy tranquila; casi no se irrita.

Se concentra en lo que hace, es muy tímido, casi no habla con nadie. Se justifica, diciendo: «¡Y bueno, yo nací así!».

Tiene falta de decisión. Piensa demasiado las cosas para decidirse. Se pregunta a la hora de hacer cualquier actividad: «¿Voy a estudiar o no lo hago?, ¿llamo por teléfono a mis amigos o no?» No se lanza, le falta fe para dar el primer paso. Es muy lento para hacer las cosas, incluso, a la hora de poner *orden*.

Recuerdo un dibujo animado que ejemplifica muy bien a este tipo de personas: «Droopy», un perrito que era sumamente perezoso y llegaba siempre tarde.

Este tipo de personas carecen de motivación, no tienen una visión específica. Suelen ser muy egoístas, no prestan nada. Demasiado introvertidos, a veces se esconden detrás de sus estudios para ser aceptados. Son buenos en lo que hacen, pero su lentitud hace que no brillen.

No se suele tener un solo temperamento; es decir, no podemos encasillar a una persona en uno solo. Pero seguramente, esta descripción le ayudará a conocer un poco más a su hijo

La pregunta que nos surge entonces, como padres, es: ¿podré hacer algo para que mi hijo cambie en aquellas conductas inapropiadas que lo caracterizan?

Quiero alentarlo, pues no importa el tiempo que hayamos educado a nuestros hijos; siempre habrá algo que podamos hacer para ayudarlos.

Cada temperamento cuenta con características positivas y dignas de halago, que se convierten en verdaderas fortalezas de la personalidad y, por el otro lado, cada uno tiene debilidades que no deben aceptarse, sino que hay que trabajar para poder superarlas.

¿Cómo ayudar a mi hijo a ser responsable?

◉ A ese hijo que le cuesta ser ordenado en la vida, necesitamos imperiosamente influenciarlo y ser insistentes al respecto, a la hora de poner en su lugar cada cosa: ya sean sus juguetes, sus carpetas, su cuarto, su vida. De otra forma, si usted es de esos padres que pasan por alto todos sus desbarajustes, su hijo crecerá siendo un irresponsable.

◉ El que naturalmente es ordenado, con seguridad, nos traerá mayor descanso en este aspecto, aunque tal vez debamos ayudarle con ese carácter dominante, porque es probable que si las cosas no se hacen como él quiere, «arderá Troya» muy a menudo en su hogar.

◉ Al que es perfeccionista tenemos que ayudarlo a lograr mantener la calma y aceptar a los demás como son, porque es probable que en la vida le cueste compatibilizar con cualquiera que no se asemeje a su manera de pensar, y esto será causa de peleas frecuentes con los otros.

◉ Tal vez, querido padre, frente a ese hijo flemático, usted deba darle un empujoncito para arrancar, pero entienda que empujarlo un poco no significa «remolcarlo». Un auto que es remolcado no debe hacer nada para moverse, mas aquel que es empujado debe lograr arrancar en algún momento, si es que quiere llegar a alguna parte.

También, aquellos que somos padres podemos encontrarnos con diversas maneras de ejercer nuestra paternidad. Debemos evaluar nuestra paternidad.

O bien somos algo *autoritarios*: con esa famosa frase: «Lo haces porque te lo digo yo y punto»: Cuando tenemos dicha actitud lograremos forjar hijos totalmente dependientes, que hagan las cosas solo cuando nosotros estamos presentes. Hace poco tiempo una joven acudió pidiendo ayuda porque su mamá había fallecido hacía unos meses atrás y aún ella no lograba salir adelante. Expresaba que con 37 años, soltera aún, no estaba preparada para afrontar la vida sola, sin su madre: una hija totalmente dependiente.

Tal vez somos increíblemente *permisivos*: No les exigimos, pensando que si algo no pueden hacerlo ellos entonces no importa, allí estaremos nosotros para hacer todo *lo que mi pequeño bebé* no logra alcanzar. Este trato hará que sus hijos, por ejemplo, apelen a copiarse cuando tengan que rendir un examen porque pensarán que como no está papá o mamá para ayudarles... alguna otra ayuda van a necesitar.

Quizá seamos de aquellos que son *desinteresados,* sin dar ni exigir nada. No importa si su hijo madura o no, ya lo hará con el tiempo. Sus hijos entonces no solo tendrán problemas en el orden, sino que acarrearán probablemente serios problemas de autoestima.

Pero quisiera recomendarle el último tipo de padres que son aquellos *que se ocupan,* que demandan de sus hijos, pero que también les dan a cambio su ejemplo, su apoyo, su tiempo; todas estas cosas son simplemente lo que llamamos amor; y así, pueden enseñarles a ser personas equilibradas a la hora de asumir responsabilidades en la vida.

Desde muy temprana edad debemos fomentar actitudes responsables en nuestros hijos

Nuestro mayor legado en la vida será la educación que podamos brindarles a nuestros hijos. Algunos consejos nos ayudarán en esta difícil pero satisfactoria tarea de formar hijos independientes y responsables:

◎ El permitir que desde pequeños nos ayuden en las tareas domésticas o de mantenimiento del hogar les ayudará a desarrollar actitudes serviciales. Todavía existe la creencia, en algunos padres, de que porque su hijo es varón no debe contribuir en trabajos de la casa porque eso es cosa de mujeres; o de que su nena no debe participar en el arreglo de ciertas cosas en el hogar porque eso es responsabilidad de hombres. Sin embargo, cuando permitimos que nuestros niños contribuyan en el hogar, estaremos colaborando en el desarrollo de hombres y mujeres capaces de desenvolverse solos en la vida.

Vaya detrás de su hijo recogiendo todo lo que tira

- Anímelo cuando esté desarrollando alguna actividad, elogiándolo por sus aciertos y corrigiéndolo en amor cuando se equivoque.
- Permita que disfrute su tarea a través de un clima agradable, la música ayuda mucho al respecto.
- Conozca sus limitaciones y no le pida más de lo que su hijo pueda dar; de lo contrario, se frustrará y la próxima vez ya no lo intentará.
- Es vital mantener a los chicos ocupados con diversión, por un lado, pero con pequeñas tareas, por el otro; esto le garantizará que estén lejos de travesuras y, más adelante, en la adolescencia, de actitudes peligrosas que los conduzcan a la delincuencia.

> **Nuestro mayor legado en la vida será la educación que podamos brindarles a nuestros hijos.**

No se olvide de que su hijo siempre tiene razón

Así crecerá creyendo que es un incomprendido y que todo el mundo sin excepción está en su contra

«El que atiende a la crítica edificante habitará entre los sabios. ... atender a la represión es ganar entendimiento»
(Proverbios 15:31-32).

Sería una utopía el pensar que podemos vivir en un mundo en el que no rijan leyes ni pautas de comportamiento, creyendo que si cada uno obedece a las leyes de su conciencia, viviríamos mucho mejor. ¿Se imagina cómo estaría este mundo? Definitivamente, sería un verdadero caos. Todo hogar necesita fijar pautas, toda institución necesita reglas, todo país necesita establecer leyes.

Las leyes son un conjunto de normas que reglamentan la conducta de las personas para establecer pautas de convivencia y que no reine la anarquía. Las leyes, por tanto, existen para ser cumplidas y seguramente somos los primeros en levantar nuestro dedo acusador, cuando sospechamos que nos encontramos frente a alguien que trasgredió deliberadamente los límites compartidos de común acuerdo por todos.

> Todo hogar necesita fijar pautas, toda institución necesita reglas, todo país necesita establecer leyes.

Pero qué sucede cuando el que ha infringido fue nuestro único, incomparable, entrañable, maravilloso, amado «hijo». ¿Cómo reaccionamos, cómo lo vemos?, ¿mantenemos la objetividad o acaso perdemos la neutralidad? Solemos pensar que sin duda debe haber algún motivo justificado por el cual cometió esa transgresión o que, decididamente, todos tienen prejuicios contra él (vecinos, policías y maestros, que parecen no entenderlo). Muchas veces caemos en el error de justificar su actitud, diciendo: «Mi hijo es especial, pero nadie lo comprende». ¡Y que nadie se atreva a cuestionarlo!

Cuántos padres van a la escuela, gritan y hacen un escándalo a las autoridades, y hasta en algunos casos han llegado a agredir o amenazar a los maestros, si osan corregir a sus hijos o llamarles la atención por algo sucedido. Hoy en día hay maestros rehenes de los padres en las escuelas, que tienen temor de poner límites, no se atreven a ejercer la autoridad. Y la causa fundamental es que no quieren tener problemas ni llegar a perder sus trabajos, frente a acusaciones infundadas de padres que no reconocen los errores de sus hijos. Si no lo sabía, tengo la triste noticia para darle de que nuestros hijos no son perfectos y no suelen tener la razón. ¡Cuánto mal les hacemos cuando no los confrontamos con sus equivocaciones!

Es cierto que antiguamente, ciertos maestros utilizaban el castigo físico como herramienta de corrección de los alumnos; algunos usaban una regla larga o una varita. Probablemente su padre o su abuelo puedan contarle algunas de sus traumáticas experiencias, pero pareciera que hoy en día esta realidad se ha ido al otro extremo: ahora los maestros han pasado al rol de víctimas, están indefensos, ya que siempre el alumno tiene todas las de ganar.

> **Nuestros hijos no son perfectos y no suelen tener la razón.**

Y esta realidad recrudece aún más en las escuelas privadas, porque de pronto hay padres que a manera de amenaza le dicen al directivo: «O me soluciona el problema o retiro de la escuela a mi hijo», y lo peor del caso es que la escuela prioriza la cuota de pago mensual que dejará de percibir y no, el problema en sí. Así que al director no le queda otra salida que decirle al maestro: «¿qué le dijiste a ese chico? ¿Cómo que no va a pasar de grado, cómo que va a repetir? En esta escuela todos pasan de grado; mientras pague su cuota mensual, el nene pasa».

Hay familias que niegan la realidad de sus hijos y afirman: «¡No!, ¡el mío no se porta mal!» Es el vecino, es el otro, nunca el nuestro. Hacen una negación del mal comportamiento y luego, cuando el problema crece y su hijo comienza a drogarse, hacen lo mismo; cuando otros les marcan conductas extrañas en sus hijos, ellos dicen: «No, pero mire que yo lo observo, mire que es un chico sano». Así, se engañan a ellos mismos y quieren engañar a los demás, y eso es lo más grave de todo este asunto. Padres que de continuo *sacan la cara por sus hijos,* aunque su conducta no tenga explicación alguna.

En la sociedad, las leyes son finalmente límites, que se determinan tanto para individuos como para instituciones. La violación de ellos o su incumplimiento representará una pena, que dependerá de la gravedad y de la interpretación del juez que juzgue el caso.

Si el niño no es enseñado en este principio natural e innegable, lo que esos padres están haciendo es criar a un transgresor de límites, lo que en la jurisprudencia se denomina delincuente.

Otros padres, por el contrario, reconocen los errores en sus hijos, pero se justifican diciendo: «¡Y bueno! ¡Yo ya no puedo con él, se me escapó de las manos!».

Algunas conductas que solemos tener como padres
1. No hacer nada: pasar por alto la trasgresión. Reaccionar exageradamente, aplicando un castigo que no se ajusta a la ofensa.

2. Reaccionar muy poco: enseñar a nuestros hijos a «librarse con facilidad».
3. Amenazar, perdiendo la autoridad de nuestras palabras en las vidas de nuestros hijos.
4. Excusarlos, justificando la conducta incorrecta.
5. Castigar sin la debida explicación, creando temor y confusión.

En todos esos casos, los niños aprenden a detestar la corrección, a no prestarle atención, a tratarla como una parte innecesaria de sus vidas y a menospreciar la autoridad que intenta administrar la corrección justa. Esto da lugar a actitudes de rebelión, falta de respeto e insensatez.

Es increíble ver cómo hay padres que insisten en no ver los errores garrafales que sus hijos cometen. Había un nene que era agresivo hasta el extremo, pero cuando alguien le traía una queja de él a su madre, ella expresaba: «¡...pero en el fondo, mi hijo es bueno!». Un día el nene llegó a su casa y abrió la puerta de una patada, a los gritos, insultando al vecino;

> A muchos padres no les importa lo mal que sus hijos se comporten ya que siempre tienen una palabra para justificarlos.

revoleó la pelota y rompió el vidrio del baño, pasó por al lado de la abuela y le pegó, y llegó al fondo, donde estaba el patio y, muy tranquilo, se puso a acariciar al perro. Al ver toda la recorrida de su hijo, su mamá exclamó: «En el fondo, en el fondo es bueno». ¡Claro! Solo en el fondo, cuando acariciaba al perro..., después, era un verdadero demonio.

A muchos padres no les importa lo mal que sus hijos se comporten ya que siempre tienen una palabra para justificarlos.

Recuerdo a un matrimonio joven que tenía tres hijos de diferentes edades, pero con un denominador común: los tres eran incontrolables. Cuando eran pequeños, esto se reflejaba en sus *travesuras*, tales como salivar a los mayores, tirar piedras a los autos y tantos otros «jueguitos de chicos», a los que el padre se mantenía inmutable, y la madre intentaba, erróneamente, frenar, comprándoles todo lo que a ellos se le antojara con tal de mantenerlos quietos, aunque solo fuera por breves instantes. Pero estas conductas, al crecer, se fueron trasladando a comportamientos más gravosos. Además, un ingrediente que no favoreció a esa familia fue que debido a su alta posición económica, nadie se atrevía a corregir a esos chicos.

Esos padres, finalmente, tomaron conciencia del grave problema, cuando el hijo mayor, ya adolescente, incurrió en las drogas, dejó embarazada a su novia y fue buscado por la policía por participar de un robo. Costó mucho trabajo encaminar a esos hijos, pero al fin lo lograron; aunque ellos se lamentaban, diciendo: «¡Cuánto dolor nos hubiésemos ahorrado, si tan solo los hubiéramos corregido a tiempo cuando eran niños!».

Entendamos que no pasa por dejar de amarlos; esto nunca puede acontecer, pero de alguna manera, no frenarlos a tiempo es una manera indirecta de un amor no comprometido.

Es muy probable que todos conozcamos chicos traviesos, pero creo que nunca debemos de haber oído sobre unos como los protagonistas de la siguiente historia:

Verdaderamente, la madre y el padre se sentían superados por completo, por la muy mala conducta que sus dos hijos estaban teniendo. Constantemente tenían problemas de disciplina en la escuela, vivían peleándose con sus compañeros a puros golpes; los vecinos del barrio ya no los soportaban más debido a todas las maldades que hacían en el vecindario. «En definitiva, cualquier cosa mala que pasara de seguro habían sido estos terribles hermanos».

Fue así que los padres decidieron llevarlos delante de un pastor, reconocido por todos por sus logros en corregir pequeños muchachos. Decidieron comenzar con el menor de sus dos hijos para luego, en una segunda entrevista, llevar al mayor. Cuando el terrible pequeño entra a la oficina, queda impresionado por la presencia física del hombre, que medía un metro, noventa centímetros de estatura y era muy corpulento. El pastor, inmediatamente que el niño toma asiento, decide confrontarlo fuertemente con su realidad, preguntándole: «Hijo, ¿dónde está Dios?» El niño estaba totalmente perplejo ante la pregunta; sin posibilidades de recuperarse, vuelve a oír, con una voz más firme: «Hijo, ¿dónde está Dios? ¿Dónde está Dios?», insiste el pastor. El pequeño, sin poder soportar más, sale corriendo de la oficina desesperadamente hasta llegar a su casa. Al llegar, rápidamente sube las escaleras para dirigirse a la habitación de su hermano, que se sorprende por la irrupción repentina en su cuarto. Al estar ya frente a frente, recuperando el aliento luego de la fatigosa carrera, le dice: «¡hermano, ahora sí que estamos en problemas, y no sé cómo vamos a salir de esta, porque por lo visto Dios ha desaparecido, y el pastor cree que nosotros lo tenemos, ya que una y otra vez, me decía de manera insistente:«¿Dónde está Dios? ¿dónde está Dios?».

Historias que parecen repetirse

Los medios de comunicación aumentan la información acerca de casos de violencia en las aulas. En febrero de 2006, un diario de circulación gratuita publicó que 13.400 maestros habían sido agredidos por alumnos en la Argentina, en el último año, lo que supone un 2,3% del total de los maestros. Una cifra verdaderamente alarmante, que nos da la idea de un mal social que crece cada vez más.

Este mismo diario reportó el caso de una nena que, luego de pelearse con sus compañeros, fue retada por su maestro. Posteriormente, varios familiares de la nena fueron a la escuela, y el padre, delante del director del establecimiento, le pegó al maestro en cuestión, que tuvo que ser internado en el hospital e intervenido quirúrgicamente a causa del golpe.

Estas conductas se manifiestan cada vez mas en la escuela, aumentando de esta manera la agresividad para con los maestros o sus propios compañeros

La doctora Irma Lima, ex jueza de menores de la ciudad de La Plata —quien se desempeñó como interventora del Consejo del Menor en la provincia de Buenos Aires, en la Argentina—, y ex profesora de Derecho Civil en la Universidad, afirma: «La familia es la primera encargada de poner las normas para que todo chico pueda vivir armónicamente en una sociedad civilizada, pero no las pone, una por carencias, y otra por ausencias; el chico hace lo que quiere.

Incluso hay un poco de comodidad, porque como todos sabemos la familia tiene dos funciones, una es la alimentaría, que hay familias que ni siquiera esa pueden cumplir, y la otra función es la normativa.

La normativa implica un compromiso mucho mayor, porque hay que estar encima del chico para decirle que sí y que no, para decirle lo que está bien y lo que está mal.

Estas funciones son las que ha declinado la familia, un poco por miedo a la reacción del hijo y también, porque es más cómoda la postura de dejarlo, de darle la plata y que el chico haga lo que quiera».

Esto, en la práctica, es más fácil para la familia, porque yo no discuto ni tengo que decirle: «No, señor, eso usted no lo hace». Entonces este chico se va acostumbrando a vivir sin normas.

Así, cuando va al colegio, se enfrenta a la primera normativa, y se produce el primer choque y, por consecuencia, la primera manifestación de violencia, porque se topa con alguien que le dice: «NO».

En lo personal, recuerdo que cuando llegaba a mi casa y me quejaba de un docente, mi papá nunca me daba la razón, sin primero averiguar cómo fueron las cosas. Esto pareciera ya no ocurrir.

Hay algo que se puede notar a simple vista, y creo que todos lo advertimos: que estos jóvenes, de alguna manera, están pidiendo que alguien les ponga el límite; muchas de las manifestaciones que tienen son pedidos de ayuda a gritos, y lo que hacen es llamar la atención; pero creo que aún la sociedad no ha aprendido a interpretarlos.

Estos casos de violencia en las aulas y de padres que parecen no entender la gravedad de los hechos no son acontecimientos aislados, sino que forman parte de un conjunto de transgresiones que, poco a poco, fuimos permitiendo que se instalen en nuestra sociedad como algo normal.

Una reflexión al respecto…

En una entrevista que le hicieron a la hija de Billy Graham (un pastor reconocido en todo el mundo), en un programa de televisión, la periodista le preguntó: «¿Cómo puede Dios permitir que el hombre viva en la terrible crisis social que vive?». Anne Graham dio una respuesta sumamente profunda y llena de sabiduría; afirmó: «Al igual que nosotros, creo que Dios está sumamente triste por lo que nos esta sucediendo, pero durante años hemos estado diciéndole a Dios que salga de nuestras escuelas, que salga de nuestro gobierno, que salga de nuestras vidas. Siendo el caballero que él es, creo que se ha retirado tranquilamente. ¿Cómo podemos esperar entonces que Dios nos dé su bendición y su protección, cuando le hemos exigido estar solos?».

A la luz de ciertos y terribles sucesos recientes, creo que debemos remontarnos al origen de todo esto. En los Estados Unidos, Madeleine O´Hare se quejó de que se orarse en las escuelas. Y opinamos que estaba bien. Ella fue asesinada, y demasiado tiempo después se descubrió su cuerpo.

Luego alguien dijo que no debía leerse la Biblia en las escuelas. La Biblia dice: «No matarás, no robarás y amarás a tu prójimo como a ti mismo». Y opinamos que estaba bien.

Después el señor Benjamín Spock dijo que no debíamos pegarle a nuestros hijos cuando se portan mal porque sus pequeñas personalidades se truncarían, y podríamos lastimar su autoestima. Y aseguramos que los expertos saben lo que dicen. El hijo del señor Spock se suicidó.

Luego alguien opinó que los maestros y directores de las escuelas no deberían disciplinar a nuestros hijos cuando se portaran mal. Las autoridades afirmaron que no querían ningún tipo de publicidad negativa y, por supuesto, mucho menos una demanda judicial por parte de los padres. Y opinamos que estaba bien.

Posteriormente, alguien dijo: «Dejemos que los jóvenes se diviertan, pero que lo hagan de una manera segura, así que repartámosle condones, aun en las escuelas». Y opinamos que estaba bien.

Después, algunos de nuestros principales funcionarios públicos dijeron que no importaba lo que hacemos en privado, mientras cumplamos con nuestro trabajo. Estuvimos de acuerdo con ellos en pensar: «No me importa lo que nadie (incluyendo al presidente de la nación) haga en su vida, mientras marche bien la economía».

Luego alguien dijo: «Vamos a imprimir revistas con fotografías de mujeres desnudas y también, llevarlas a Internet, pensando que esto es una apreciación sana y realista de la belleza del cuerpo humano». Y después alguien se animó a correr los límites, para hacerlo con niños desnudos. Y opinamos que estaba bien.

Ellos tienen derecho a su libertad de expresión.

Luego, en la esfera de la diversión, a alguien se le ocurrió hacer películas que promuevan lo profano, la violencia y el sexo ilícito. Alguien pensó que también en la música sería bueno estimular el uso de drogas y los suicidios en nuestros jóvenes. Y opinamos que esto no era más que diversión, así que ¡adelante!

Ahora nos preguntamos: «¿Por qué nuestros jóvenes no tienen conciencia? ¿Por qué no saben distinguir entre el bien y el mal? ¿Por qué no les preocupa matar a desconocidos, a sus compañeros, a ellos mismos?

No se olvide de que su hijo siempre tiene razón

Es curioso ver cómo la gente simplemente manda a Dios a la basura y luego se pregunta por qué el mundo está en proceso de destrucción.

Es curioso comprobar cómo interesa más la opinión de los demás que la opinión y el consejo de Dios.

Poco a poco nos vamos acostumbrando a ciertas cosas que están mal en nuestra sociedad y no nos damos cuenta de que esto luego afectará nuestra familia y la vida de nuestros hijos. Es como sufrir un lento adormecimiento de nuestras conciencias que no nos permite reaccionar a tiempo y tomar decisiones y decir «esto no está bien».

Usted deberá pensar: «¿Entonces, qué podemos hacer par revertir esta realidad?

Estoy convencido de que debemos volver a los valores, a principios que son los que a lo largo de años han preservado a la humanidad y sin los cuales la misma hubiera sucumbido.

> **Debemos volver a los valores, a principios que son los que a lo largo de años han preservado a la humanidad y sin los cuales la misma hubiera sucumbido.**

Muchos de esos valores que simplemente nuestros abuelos practicaban en sus hogares. Sin lugar a dudas que la Biblia es una fuente inagotable de principios llenos de sabiduría simple y de aplicación cotidiana. No en vano alguien la comparó con el manual del fabricante. Así como al comprar un electrodoméstico rápidamente acudimos al manual de instrucciones de uso, de la misma manera resulta la Biblia para nuestras vidas. Supo decir el gran escritor latinoamericano Jorge Luis Borges, al referirse a la Biblia, que nos encontrábamos ante el gran libro entre todos los demás libros.

> Aunque esto parezca difícil de creer, los hijos necesitan el liderazgo de sus padres.

Recordemos que la educación nace en el hogar y es allí donde debemos reforzar nuestras creencias y nuestros valores. Por esta razón debemos trabajar mucho en el núcleo familiar y volver a darle a la familia la importancia que tiene como institución, porque el hogar es fundamental en la vida de todo hombre, ya que es la primera célula de socialización de todo niño, y porque es el ámbito donde va a aprender lo primero y lo más importante.

Aunque esto parezca difícil de creer, los hijos necesitan el liderazgo de sus padres.

Creo que en cierta manera debemos tomar a nuestros hijos como discípulos. Y esta palabra tiene una connotación muy especial, ya que su raíz está relacionada con la palabra «disciplina», esto es instruir, educar, capacitar.

Nuestro deber como padres, querido amigo, es amarlos, estableciéndoles límites, convirtiéndolos en verdaderos seguidores nuestros, ya que el ejemplo es el camino por excelencia de mayor influencia para nuestros hijos. Un proverbio chino dice con sabiduría: «Un ver son mil oír»; definitivamente, un simple ejemplo que nuestros hijos puedan ver en nosotros tendrá más impacto que mil palabras.

Un maestro, en una oportunidad, compró una pecera grande, la llenó con agua a temperatura ambiente y colocó algunos peces en ella. Pero éstos se comportaban de manera extraña, se amontonaban apretados en el centro del recipiente, sin moverse casi nada. Pocos días más tarde, compró piedras de colores para la pecera. Después de colocarlas, los peces nadaron libremente. Las piedras, en el fondo, mostraban dónde se acababa el agua, cosa que los peces no sabían antes de que las colocaran.

> Nuestros hijos encontrarán libertad para moverse en la vida, cuando con seguridad conozcan cuáles son sus límites.

De la misma manera, nuestros hijos encontrarán libertad para moverse en la vida, cuando con seguridad conozcan cuáles son sus límites.

Evite el diálogo en su hogar

Así aprenderá a compartir la vida con extraños

«¿Pueden dos caminar juntos sin antes ponerse de acuerdo?»
(Amós 3:3).

El estar juntos no es símbolo de armonía en el hogar. Es curioso comprobar cómo en algunos hogares puede existir la convivencia, pero raramente logran ponerse de acuerdo.

Para mantener armonía en el hogar es esencial revisar nuestra comunicación.

La palabra «comunicación» tiene su raíz en el latín «*communicatio*» y significa algo que se unifica, que se pone en común, que se pone de acuerdo. En este sentido, tenemos que decir que a muchas familias les cuesta llegar a tener una buena relación y en ocasiones han desistido de todo posible intento.

Necesitamos marcar la diferencia entre lo que significa dialogar y lo que encierra la palabra comunicación. Comunicarse es mucho más que dialogar. Podemos estar horas enteras conversando, pero pocas veces llegar a comunicarnos, a ponernos en un común acuerdo, más allá de las individualidades que nos diferencian.

> Necesitamos marcar la diferencia entre lo que significa dialogar y lo que encierra la palabra comunicación.

Una buena comunicación requiere de nuestra sinceridad, de compartir nuestra intimidad, de demostrar que el otro me importa.

En la actualidad es habitual escuchar frases como: «Con mi familia no se puede hablar», «Nunca me escuchan» o «En mi hogar no existe comunicación», aunque, en realidad, la comunicación siempre está; el conflicto reside más bien en un *problema* que se produce en ella.

Construyendo puentes a largo plazo

La comunicación con nuestros hijos es esencial porque construye puentes con ellos. Los puentes tienen el propósito de unir dos orillas, de acercar distancias. Si faltan, las orillas de un río quedan aisladas, sin relación.

Ciudades enteras quedaron postergadas, divididas por un río, sin puentes que las comunicaran con el resto de la civilización.

La falta de puentes en el hogar produce aislamiento. Como también podemos decir que al contar con puentes se logra la integración, y esta siempre hará más fácil la resolución de problemas.

Cuando nuestros hijos alcanzan la adolescencia, tendrán que enfrentar un sin número de nuevos desafíos y, también, amenazas. En este momento de la vida, será vital para ellos contar con puentes de comunicación para no terminar quedando aislados, enfrentando solos los desafíos que la vida, sin aviso, suele presentarnos. Indudablemente, si no hemos construido los puentes hasta ese momento, resultará imposible edificarlos en un día.

> La comunicación con nuestros hijos es esencial porque construye puentes con ellos.

Muchos padres se sientan con sus hijos adolescentes o jóvenes y les dicen: «¡Vamos, habla!, ¡Cuéntame lo que te pasa! La mayoría de las veces no hallan respuesta.

Los puentes con nuestros hijos se deben construir desde la infancia; una vez que son grandes, será imposible, en un día, establecer una vía de comunicación que nunca hemos desarrollado.

La gran pregunta es: ¿Cómo están nuestros puentes?, ¿cómo está la comunicación con nuestros hijos?

Algunos indicios de la deficiente comunicación en la familia

La falta de diálogo es un indicio de una limitación en la comunicación. En ocasiones existen integrantes de la familia que se aíslan y prefieren reservarse lo que les pasa, lo que sienten y aun lo que necesitan. Cuando esto ocurre, el resto del grupo familiar intenta llamarle la atención de diferentes maneras para que logre expresarse o, por el contrario, se suma a esa actitud silenciosa y reservada. Es curioso comprobar que hay hogares que poco a poco fueron acostumbrándose al silencio que, más tarde, va a convertirse en indiferencia.

> La falta de diálogo es un indicio de una limitación en la comunicación.

La falta de paciencia. En ocasiones nuestro tiempo para dialogar está lleno de impaciencia:

- ◎ Porque necesitamos respuestas rápidas a nuestras preguntas o a nuestros requerimientos.
- ◎ Porque solo queremos expresar lo que como padres estamos esperando de nuestros hijos.
- ◎ Porque carecemos de nuestro valioso tiempo como para detenernos a charlar.

Evite el diálogo en su hogar

- Porque estamos sumamente cansados como para escuchar problemas.
- Porque presuponemos que nunca llegaremos a ponernos de acuerdo.

La falta de interacción entre los integrantes de la familia. Dialogar es interactuar. El diálogo consiste básicamente en una ida y vuelta, en este caso, entre esposos, por un lado, y entre padres e hijos, por el otro; aunque en ciertos hogares, solo se escuchen diversos «monólogos» disfrazados de diálogos, ya que todos hablan, pero nadie escucha.

El problema central reside en que no sabemos escuchar. Como en una conversación telefónica, en toda charla debo hablar, pero también hacer silencios para escuchar y permitir entonces que el otro se exprese.

Creo que hay pocas cosas tan desesperantes como que alguien al otro lado del teléfono hable, hable y nunca haga pausas para escuchar una respuesta. Esto mismo pasa cuando en la familia

> **El problema central reside en que no sabemos escuchar.**

desatamos los famosos «sermones» que, en general, nuestros hijos aborrecen escuchar y que se tornan casi siempre improductivos ante cualquier enseñanza que queramos plasmar.

Recuerdo a un hombre, cuya capacidad innegable era la de dar «discursos». Cada vez que se juntaba en una reunión familiar, comenzaba a incurrir en largos y diversos temas de ética, sin prisa ni pausas, hasta que por fin, uno a uno, cada pariente se iba retirando poco a poco de esa sobremesa, y solo un pobre mártir terminaba escuchando cada una de esas tediosas conferencias que este buen hombre compartía.

> Si no aprendemos a escuchar y a interactuar cada vez que abramos nuestras bocas, nuestra familia nos evitará.

Este mismo efecto causan, en nuestro hogar, nuestros monólogos sobre el comportamiento y los buenos modales que nuestros hijos deben tener. Si no aprendemos a escuchar y a interactuar cada vez que abramos nuestras bocas, nuestra familia nos evitará.

Causas de una mala comunicación

Diversos factores dificultan la comunicación dentro del seno familiar. Detallemos algunos de ellos:

- El que nuestra familia descubra un doble discurso en nosotros. Esto lo provocamos cuando, por ejemplo, hablamos a nuestros hijos sobre la importancia de llevar una vida sana, pero luego a diario ven cómo el tabaco nos va matando poco a poco. Hay padres que llenan su boca hablando de poner en primer lugar a la familia, pero con los años, se descubre una infidelidad matrimonial. Piden a sus hijos que los respeten y, como padres, no respetan a su esposa.

Esta ambigüedad hará que nuestras palabras *se las lleve el viento*.

- Nuestra actitud egoísta de creer que somos los únicos que tenemos la razón de todo, que únicamente podemos charlar cuando nosotros tenemos tiempo, que lo único que interesa es nuestra opinión e intentamos imponerla.

- Nuestra indiferencia, al no preocuparnos sobre lo que les pasa a las personas que tenemos a nuestro lado.

- Los problemas, las preocupaciones a las que a diario nos enfrentamos, y el agotamiento físico que nos hace intentar buscar solo lo que a nosotros nos cause placer, para aliviar tensiones.

En una oportunidad, un hijo le escribió una carta a su padre, que decía lo siguiente:

Papá: me cuesta mucho trabajo poder escribirte esta carta, pero en fin... Me gustaría poder decirte lo que yo siento, pero la verdad es que no me atrevo a hacerlo personalmente. No tengo mucha confianza, y eso es lo que más me duele.

No existe nadie en este mundo a quien quiera más, ¡pero te siento tan lejos! Nos llevamos bien, compartimos algunas actividades juntos, y sé que tú tratas de hacernos felices, pero... nos falta, no sé cómo expresarlo..., «intimar», ser más amigos; en fin, varias cosas, para llevarnos y conocernos mejor.

Veo el tiempo y el esfuerzo que tú dedicas a tu trabajo y te admiro por eso, pero creo sinceramente que lo haces más por tu orgullo y prestigio personal que por darnos lo necesario. Siento, papá, que la vida pasa tan rápido, y me duele pensar el poco tiempo que hemos pasado juntos. Mi infancia ya pasó, papá. Y tú, ¿dónde estuviste? ¡Estuviste tan poco en ella! Por eso me da tanta ira y me atrevo a escribirte. ¿Dónde estabas tú cuando aprendí a conocer el mundo? ¿Dónde estaba tu mano cuando tuve miedo? ¿Dónde, tu sonrisa, cuando estaba feliz?

Todo era tu trabajo, tus problemas...: «¡no me molestes..., ahora estoy muy ocupado!». Y es aquí cuando no entiendo para qué la gente quiere tener hijos. ¿Para satisfacer sus ilusiones de tener niños? ¿La continuación de su apellido? ¿Para tener algo más que les pertenezca?

No sé papá, no sé.

Si tú supieras cuánto necesita un hijo tener un padre; y con «tener», me refiero a unos brazos que te aprieten fuerte y te digan «te quiero», para saber que cuento contigo para todo, en las buenas y en las malas, que compartas mis éxitos y fracasos, que seas para mí como un amigo al que puedo contarle todo. Contarte cuando me siento inseguro con mis amigos, cuando no sé tratar con los demás y finjo ser un súper hombre. Y no lo soy. Comentarte que tuve miedo a mi primer acercamiento con una mujer... ¡en fin, papá, tantas y tantas cosas que hubiera querido que tú fueras el que me las explicaras y me guiaras...!

Lo que quiero es a ti, papá. Sé que no me falta nada y tratas de darme todos los gustos. Pero yo cambiaría todo esto con tal de que fueras mi amigo. Un verdadero amigo, que me hagas sentir que soy «lo máximo» para vos... Pero sé que todo esto no te lo puedo decir porque es demasiado cursi para el hijo de un padre tan importante como tú.

Tu hijo que te quiere.[2]

Una carta fuerte, que confronta, pero que sobre todo, nos ayuda a reflexionar acerca del afirmar los vínculos con nuestros hijos.

Principios para la hora de comunicarnos

Es interesante saber que existen varios factores que intervienen para que la comunicación sea eficaz.

En primer lugar, hay que entender que lo que comunicamos tiene consecuencias en nuestros hijos.

Desde que nace, el bebé necesita del abrazo y la expresión de afecto de sus padres, y esta es su primera forma de relacionarse.

Un bebé al que se acaricia y se mima recibe el amor que le estamos comunicando.

Luego, al ir creciendo, necesitará otras manifestaciones de nuestro afecto: serán las palabras que empleemos para dirigirnos a él, nuestras demostraciones de confianza, las expresiones que usemos, aun, a la hora de retarlos. Un niño que creció con menosprecio y con rótulos en su frente, tales como:

---

2. Antonio Rivero. Catholic.net

«No sirves para nada», «Eres un inútil», «Nunca vas a cambiar», «No vas a llegar a ninguna parte», seguramente actuará tal y como sus padres se lo hayan predicho una y otra vez.

Nuestras expresiones, producto del enojo, pueden marcar a nuestros hijos de por vida.

En segundo lugar, entendamos que todo el tiempo estamos comunicando: con nuestras palabras, con nuestros gestos, incluso, con nuestra indiferencia. Según un estudio realizado en este campo, dentro de una conversación, un 7 % estará condicionado por las palabras que usemos, un 38 % dependerá del tono de voz que empleemos y el 55% restante es producto de gestos y ademanes que utilicemos. Esto quiere decir que puedo usar palabras sumamente agradables, pero si las digo con un tono de voz duro y si, además, las acompaño con gesticulaciones desagradables en el rostro, evidentemente esa dulce frase resonará como algo hueco y hasta podemos conseguir el efecto contrario de lo que en realidad quisimos decir.

> Nuestras expresiones, producto del enojo, pueden marcar a nuestros hijos de por vida.

Otro principio fundamental es entender que comunicarse no es enfrentarse.

Es muy significativo el ver que, cuanto más pequeños son los niños, más valoran nuestra opinión acerca de ellos y acerca de los temas que podamos expresarles. Para los chicos sus padres son como «ídolos», y todo lo que hagan o digan es lo mejor. Pero a medida que van creciendo, si no logro comunicarme eficazmente, poco a poco esa idealización se irá derrumbando hasta llegar al extremo opuesto, y todo lo que como padres digamos no servirá, sino que cada vez que intentemos dialogar, será un motivo de enfrentamiento. Hay muchos jóvenes que afirman: «El viejo no sabe lo que dice, Mi viejo está pasado de moda» y hasta dejan a sus padres con la palabra en la boca, por la sencilla razón de que no han sabido cultivar los esenciales principios de una buena comunicación, en la cual no importa lo tan pasados de moda que estén nuestros pensamientos, sino *compartir* y expresar nuestros sentimientos más íntimos.

> Otro principio fundamental es entender que comunicarse no es enfrentarse.

Algunos consejos que le podrán ayudar en esta tarea

Propiciar momentos para comunicarse, provocando así el *milagro* del diálogo. Apagar la televisión en horarios donde toda la familia está reunida, como en el momento de cenar, ayudará mucho en esta tarea.

Un tiempo compartido, una palabra dicha en el momento justo, puede salvar un matrimonio, puede salvar toda una familia.

Evitar el empleo de la reiteración de las mismas frases como: «Lo haces, y punto», «Yo soy tu padre y no hay más nada que decir». Si estas son nuestras expresiones a diario, contribuiremos a favorecer el alejamiento de nuestros hijos.

> Un tiempo compartido, una palabra dicha en el momento justo, puede salvar un matrimonio, puede salvar toda una familia.

Otra pauta importante será aprender a motivar al otro para que logre expresarse. La palabra motivación significa, por definición: «Lo que hace moverse». Si hablamos de motivar a alguien, estamos diciendo que tal vez necesitemos ayudar en la tarea de lograr que el otro exteriorice lo que piensa y siente. Recuerdo un ejemplo que tal vez aclare más lo que quiero sugerirle. Un niño tenía en el patio de su casa una tortuga. Solía fastidiarla para que, aunque esta no quisiera, asomara su cabeza fuera del caparazón. Como el animal en ocasiones no quería hacerlo, el pequeño no tenía mejor idea que sacudirla violentamente y hasta llegó a tirarla contra el piso para hacerla reaccionar. Obviamente, como usted sabrá, el caparazón es la protección que la tortuga tiene para defenderse de cualquier peligro que la aseche. Así que lo que este chico consiguió fue el efecto contrario de lo que él quería, logró que la tortuga no salga de su caparazón. ¡Si tan solo le hubiera mostrado una hoja de lechuga, cómo hubiera cambiado su reacción!

Cuántas veces actuamos como este pequeño, intentando de muchas formas lograr cambios en nuestros hijos, sin tener óptimos resultados, por el solo hecho de no haber encontrado el punto de motivación exacto; en otras palabras, aquello que mi familia necesita escuchar de mi boca o aquello que espera que yo haga por ella.

Hay un dicho famoso: «¡Cada casa es un mundo!». Así que, si en el pasado usted siente que ha cometido errores, seguramente encontrará la manera más apropiada para llegar a su familia, siendo más suave en el trato y atendiendo más a sus necesidades.

Seguramente, tenemos en nuestro hogar ciertos hábitos de conducta muy arraigados. No pretenda desarraigarlos de un día para el otro; cambiarlos requiere de esfuerzo, dedicación. No se resigne a aceptar ciertas realidades. Si al leer se da cuenta de errores cometidos, persevere con paciencia y verá que nunca es tarde para poder cambiar.

Decídase a resolver el conflicto de raíz

En ocasiones no percibimos un grave problema en la comunicación, pero preste atención por un momento y tendrá una radiografía exacta de su hogar, con tan solamente escuchar a sus hijos. Será como ir al médico y que él escuche cómo está mi corazón para luego darme un diagnóstico acertado.

> Escuchar a nuestros hijos cuando juegan nos dará una copia exacta de cómo está nuestra comunicación en la familia.

Los problemas cardíacos no siempre se perciben sin antes hacer un previo chequeo médico. De la misma forma, escuchar a nuestros hijos cuando juegan nos dará una copia exacta de cómo está nuestra comunicación en la familia. Ellos juegan de acuerdo con lo que viven. Si por ejemplo, usted escucha que su hijo emplea demasiada violencia, evidentemente es el reflejo de lo que asimila a diario. Un niño que, cuando está con otros, se aísla para jugar solo es muy probable que no sepa compartir momentos con otros.

Entonces... ¡Vamos a la acción! Recuerde esta palabra acróstica: HABLE.

Hágase de un tiempo para conversar con su familia, no siga permitiendo que la indiferencia avance. Comparta sus ideas y sentimientos con ellos. Comparta con su familia aquello que ama y sus sueños más profundos.

Ayude a crear un clima de confianza, es una gran ventaja cuando los hijos saben que pueden hablar de cualquier tema dentro de su casa.

Busque puntos en común que los unan, como gustos en la música o en el deporte, para propiciar un mayor acercamiento.

Lea con ellos, vea una película que promueva al diálogo. Será su oportunidad para compartir valores; o invítelos a hacer otros planes juntos para favorecer tiempos de contacto.

Escuche. Sea curioso, pregúnteles qué piensan, qué sienten. Conózcalos más a fondo a ellos y al entorno en el cual se mueven.

Y no olvide que: Los niños aprenden lo que viven [3]

- Si un niño vive criticado, aprende a condenar.
- Si un niño vive con hostilidad, aprende a pelear.
- Si un niño vive avergonzado, aprende a sentirse culpable.
- Si un niño vive con tolerancia, aprende a ser tolerante.
- Si un niño vive con estímulo, aprende a confiar.
- Si un niño vive apreciado, aprende a apreciar.
- Si un niño vive con equidad, aprende a ser justo.
- Si un niño vive con seguridad, aprende a tener fe.
- Si un niño vive con aprobación, aprende a quererse.
- Si un niño vive con aceptación y amistad, aprende a hallar amor en el mundo.

En la medida que avanzó en la lectura del libro, seguramente fue tomando conciencia de los errores cometidos en su rol de papá o mamá. Esto puede vivirse de diferentes maneras. En un sentido, puede ir acompañado de un creciente sentimiento de frustración y culpa, o bien ser tomado como una oportunidad para cambiar y revertir todo lo sucedido y entregarse por completo al maravilloso y fascinante privilegio de ser padre.

En mi experiencia personal, el haber logrado acercarme a Dios por medio de su Palabra, La Biblia, me permitió descubrirlo como "Mi Padre" y a través de su ejemplo encontrar un modelo de paternidad digno y seguro de poder imitar.

---

3. Obtenido de la Concejalía de Educación del Ayuntamiento de Fuenlabrada, España.

Es mi anhelo animarle a buscar la ayuda de Dios. Él está deseoso de convertirse en su mejor consejero. Si usted se lo permite, recibirá todo lo necesario para convertirse en el padre que su hijo necesita. Dios lo iluminará con una nueva sabiduría, comprensión de la realidad y le brindará las suficientes fuerzas para desempeñar su tarea con alegría, confianza y esperanza.

No existe en la vida experiencia más maravillosa como la ser padre. Un hijo es un regalo del cielo, si usted recibió ese regalo, deje atrás el temor acerca de su futuro. No se desespere por lo abrumador de la tarea y la responsabilidad. Deje de culparse por las equivocaciones cometidas. Permítame compartirle un secreto: Su hijo no busca un padre perfecto. Su hijo necesita un padre que lo ame. Su hijo lo necesita a usted. El hecho que haya escogido de entre tantos libros, este en particular me habla de su compromiso e interés por su familia.

Lo felicito, usted es una persona afortunada, y tenga siempre presente que llegará el día que podrá cosechar todo lo que sembró en su hijo.

Acerca del autor

Osvaldo Carnival es Conferencista Internacional en las plataformas de diversos seminarios y convenciones en diferentes partes del mundo y pastor de *Catedral de la Fe*, una congregación de Argentina con más de 22.000 personas. Además, es autor de varios libros como *La fuerza del liderazgo*, *Cómo hacer realidad su sueños*, entre otros. Conozca más acerca del autor en www.osvaldocarnival.com.ar

Actualmente es conductor del programa Salida directa, emitido en estaciones televisivas en todo Latinoamérica. www.salidadirecta.com.ar

Osvaldo Carnival
Av. Eva Perón 1040
1424 Buenos Aires
Argentina
Tel/fax: 5411-4924-0111
E-mail: osvaldocarnival@sion.com

Visite nuestra página de Internet en:
www.osvaldocarnival.com.ar

Si desea recibir las Reflexiones diarias del pastor Osvaldo Carnival solicítelas al siguiente e-mail:
osvaldocarnival@sion.com

Disfrute de otras publicaciones de Editorial Vida

Desde 1946, Editorial Vida es fiel amiga del pueblo hispano a través de la mejor literatura evangélica. Editorial Vida publica libros prácticos y de sólidas doctrinas que enriquecen el caudal de conocimiento de sus lectores.

Nuestras Biblias de Estudio poseen características que ayudan al lector a crecer en el conocimiento de las Sagradas Escrituras y a comprenderlas mejor. Vida Nueva es el más completo y actualizado plan de estudio de Escuela Dominical y el mejor recurso educativo en español. Además, nuestra serie de grabaciones de alabanzas y adoración, Vida Music renueva su espíritu y llena su alma de gratitud a Dios.

En las siguientes páginas se describen otras excelentes publicaciones producidas especialmente para usted. Adquiera productos de Editorial Vida en su librería cristiana más cercana.

Una vida con propósito

Rick Warren, reconocido autor de *Una Iglesia con Propósito*, plantea ahora un nuevo reto al creyente que quiere alcanzar una vida victoriosa. La obra enfoca la edificación del individuo como parte integral del proceso formador del cuerpo de Cristo. Cada ser humano tiene algo que le inspira, motiva o impulsa a actuar a través de su existencia. Y eso es lo que usted podrá descubrir cuando lea las páginas de *Una vida con propósito*.

0-8297-3786-3

Cómo hacer realidad sus sueños

0-8297-4739-7

Disfrute de su presente y sature su futuro con una profunda expectativa al permitir que emerjan los sueños que están atrapados en su interior. La vida es maravillosa y merece ser vivida correctamente, por lo tanto no se puede pasar por ella sin soñar. Las cosas pueden comenzar mal, pero si usted se lo propone, puede superar cualquier adversidad por dura y difícil que parezca.

LA FUERZA DEL LIDERAZGO

0-8297-3917-3

Existe un verdadero gigante dormido próximo a despertarse: LA IGLESIA DE JESUCRISTO. Muy pronto seremos los protagonistas de su despertar. El secreto se centrará en LA FUERZA DEL LIDERAZGO.

NVI Audio Completa

0-8297-4638-2

La Biblia NVI en audio le ayudará a adentrarse en la Palabra de Dios. Será una nueva experiencia que le ayudará a entender mucho más las Escrituras de una forma práctica y cautivadora.

Biblia NVI
Libertad en Cristo

0-8297-4067-8

Biblia RVR60 Libertad en Cristo
0-8297-4096-1

Lo que parecería una falsa retórica es real: se puede ser libre en Cristo. Libre de las depresiones, las adicciones, la rabia, la ansiedad, el miedo o cualquier otro problema que haya permanecido por mucho tiempo. Si la libertad es algo que ha perseguido para usted o para alguien a quien ama, este sencillo estudio de cincuenta y dos semanas de la Biblia representará una profunda y duradera experiencia.

Nos agradaría recibir noticias suyas.
Por favor, envíe sus comentarios sobre este libro
a la dirección que aparece a continuación.
Muchas gracias.

Editorial Vida
Vida@zondervan.com
www.editorialvida.com